영혼육 _상

영혼육 (상)

이재록 목사

우림

사람은 할 수만 있다면 성공하여 행복한 삶을 살기 원합니다. 그런데 물질과 권세와 명예 등 많은 것을 갖추었다 해도 그 누구도 죽음의 문제를 피할 수는 없습니다. 중국 진시황이 영원히 살고자 하는 욕망으로 불로초를 찾아 헤매었지만 죽음을 피할 수 없었듯 말입니다. 그런데 하나님은 누구나 영원히 살 수 있는 생명을 얻는 길을 성경을 통해 알려 주셨습니다. 이 생명은 예수 그리스도를 통해 흘러나옵니다.

저는 예수 그리스도를 영접하고 성경을 읽으면서 하나님의 마음을 깊이 깨우치고자 기도하기 시작했습니다. 무수한 금식과 기도를 쌓은 지 7년 만에 응답을 받았습니다. 교회를 개척한 뒤 하나님께서는 성령의 감동 속에 많은 난해 구절을 풀어 주셨고 영혼육에 대해서도 자세히 알려 주셨습니다. 사람의 근본을 깨우쳐 주며 자신을 발견케 하는 말씀으로 그동안 어디에서도 들어보지 못한 깊은 영적 차원의 말씀이었기에 제 기쁨은 말할 수 없이 컸습니다.

그 후 영혼육에 대해 설교하였을 때 국내외에서 많은 간증과 호응이 이어졌습니다. 이 말씀을 통해 참된 생명을 얻는 방법뿐 아니라 자신을 발견하고 사람이 어떤 존재인지 알게 되었으며 성경의 많은 난해 구절이 풀렸다는 것입니다. 또한 영의 사람이 되어 신의 성품에 참여하겠다는 목표를 갖고 열심히 달려가게 되었다고 고백하였습니다.

"이로써 그 보배롭고 지극히 큰 약속을 우리에게 주사 이 약속으로 말미암아 너희로 정욕을 인하여 세상에서 썩어질 것을 피하여 신의 성품에 참예하는 자가 되게 하려 하셨으니"(벧후 1:4)

중국 고대 병서 중 하나인 손자병법에는 '지피지기(知彼知己) 백전불태(百戰不殆)'라는 말이 있습니다. 상대를 알고 나를 알면 백번 싸워도 위태롭지 않다는 의미입니다. 영혼육의 말씀은 나 자신을 깊이 조명해 주며 사람의 근본에 대해 알려 줍니다. 그러니 이 말씀을 양식 삼으면 어떤 사람이라도 이해할 수 있습니다. 또한 자신도 알지 못한 채 영향을 받아온 어둠의 세계를 알고 지배하며 다스리는 방법을 깨달으니 승리하는 신앙생활을 할 수 있습니다.

그동안 책자 발간을 위해 수고해 주신 빈금선 편집국장과 직원들에게 감사의 뜻을 전합니다. 이 책을 통하여 영혼이 잘됨같이 범사가 잘되고 강건한 축복을 받는 영적 성장을 이루며, 나아가 신의 성품에 참여하는 복된 하나님의 자녀가 되시기를 기원합니다.

2009년 6월
이재록 목사

영혼육 여행을 시작하며

인간의 구성 요소에 대해 신학자들 사이에 이분설과 삼분설로 나뉘어 많은 논쟁이 계속돼 왔습니다. 이분설은 인간이 영혼과 육체라는 두 부분으로 구성되었고, 삼분설은 영과 혼과 육이라는 세 부분으로 구성되었다는 설입니다. 이 책은 사람이 영과 혼과 육으로 구성되어 있다는 성경 말씀을 근거로 전개됩니다.

일반적으로 지식은 하나님에 대한 지식과 인간에 대한 지식으로 나눌 수 있습니다. 우리가 인생을 살아가면서 인간에 대한 지식은 물론 하나님에 대한 지식을 습득하는 것은 매우 중요합니다. 하나님의 마음을 알고 그분의 뜻에 순종할 때 이 땅에서 성공적인 삶을 영위할 뿐 아니라 영원한 생명을 얻을 수 있기 때문입니다.

인간은 하나님의 형상대로 지음 받은 존재로서 하나님을 떠나서는 살 수 없고, 인간의 근본에 대해 명확하게 알 수도 없습니다. 하나님이 어떤 분이신지 알아야 인간에 대한 해답도 얻을 수 있습니다.

따라서 영혼육은 사람의 지식이나 지혜와 능력만으로는 알 수 없는 영역입니다. 사람의 본질을 꿰뚫는 하나님만이 알려 주실 수 있는 것입니다. 컴퓨터를 직접 만든 사람은 구조나 원리에 대해 전문 지식을 갖고 있기 때문에 자유롭게 사용할 뿐 아니라 문제가 생겼을 때에도 쉽게 해결할 수 있는 것과 같습니다. 이 책은 영혼육에 관한 질문을 시원하게 해결해 주는 4차원에 해당하는 영의 지식으로 가득 차 있습니다.

:: 이 책의 특징 ::

1. 사람의 구성 요소인 영과 혼과 육에 대한 영적 이해를 통해 나를 볼 수 있는 눈이 열리며 인생에 대한 통찰력을 얻게 됩니다.

2. 나는 누구인가? 내가 만들어놓은 자기(自己)는 어떤 모습인지 발견하게 합니다. 사도 바울이 "나는 날마다 죽노라"(고전 15:31) 고백하였듯이 자신을 발견하고 성결을 이루어 하나님이 원하시는 영의 사람으로 변화되는 길을 제시합니다.

3. 우리는 자신에 대해 알 때 원수 마귀 사단의 궤계에 빠지지 않으며 어둠을 지배하고 다스리는 능력을 가질 수 있습니다. 예수님께서 "하나님의 말씀을 받은 사람들을 신이라 하셨거든"(요 10:35) 말씀하셨는데 이 책은 사람이 어떻게 신의 성품에 참여하며 언약하신 모든 축복을 받을 수 있는지 그 지름길로 안내합니다.

2 혼의 생성
Formation of Soul
(육의 공간 속의 혼의 작용)

3 영의 회복
Restoration of Spirit

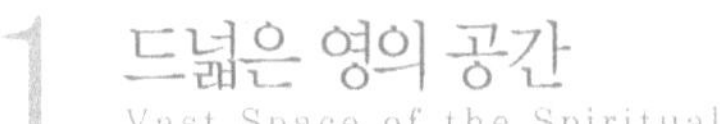

1 드넓은 영의 공간
Vast Space of the Spiritual Realm

2 영의 공간 속의 영혼육
Spirit, Soul and Body in the Spiritual Space

3 인간의 한계를 넘어
Transcending the Limitation of Humans

육의 탄생

사람의 근본은 무엇인가?
나는 어디에서 와서 어디로 가는가?

"주께서 내 장부를 지으시며 나의 모태에서 나를 조직하셨나이다
내가 주께 감사하옴은 나를 지으심이 신묘막측하심이라 주의 행사가 기이함을
내 영혼이 잘 아나이다 … 내 형질이 이루기 전에 주의 눈이 보셨으며
나를 위하여 정한 날이 하나도 되기 전에 주의 책에 다 기록이 되었나이다"

(시 139:13-16)

Chapter 1

육의 개념

세월이 흐르면 한 줌의 흙으로 돌아가는 사람의 몸은 물론,
사람이 먹는 음식물이나 보고 듣고 즐기는 것도 육이며,
필요에 따라 만들어낸 모든 것이 육입니다.

육이란 무엇인가?

사람이 육에 머물면 아무 가치가 없어

우주 만물도 차원이 있어

고차원은 저차원을 지배하고 다스려

'사람이란 무엇인가'에 대해 알려는 노력은 동서고금을 막론하고 계속되었습니다. 이러한 노력이 개인이나 사회 구성원으로서 무엇을 위해, 어떻게 살아야 할지를 밝히는 것과 다름없기 때문입니다. 사람에 대한 연구와 사색은 철학이나 종교학 등 인문 과학은 물론 사회 과학과 자연 과학 등에서도 다양하게 이루어졌지만 명쾌한 답은 찾기 어려웠습니다.

그럼에도 불구하고 "사람이란 어떤 존재인가? 나는 누구인가?"라는 단순한 질문이 끊임없이 되풀이되는 것은 여기에 대한 해답이 사람의 근원적이고도 본질적인 문제를 해결하는 열쇠가 되기 때문입니다. 세상의 학문으로는 이 질문에 대해 시원하게 설명할 수 없지만 우주 만물과 사람을 창조하신 하나님께서 가르쳐 주신다면 그것은 명확한 해답이 될 것입니다. 우리는 하나님 말씀인 성경을 통해 이에 대한 단서를 발견할 수 있습니다.

일반적인 학설에서는 사람을 영혼과 몸으로 나눕니다. 사람의 보이지 않는 정신적인 부분을 영혼으로, 눈에 보이고 만져지는 신체를 몸으로 나누지요. 그런데 하나님 말씀인 성경은 사람을 영과 혼과 육이라는 세 분야로 구분합니다.

"평강의 하나님이 친히 너희로 온전히 거룩하게 하시고 또 너희 온 영과 혼과 몸이 우리 주 예수 그리스도 강림하실 때에 흠 없게 보전되기를 원하노라"(살전 5:23)

이처럼 영과 혼이 동일한 것이 아니며, 명칭은 물론 실제적으로도 다르다는 것을 알아야 합니다. 우리가 사람을 이해하기 위해서는 육과 혼과 영이 각각 무엇인지 알 필요가 있습니다.

육이란 무엇인가?

먼저 육의 사전적 의미를 상고해 보겠습니다. 사전에서는 육(肉)을 '살, 고기, 몸, 신체'라고 정의합니다. 동물의 몸을 구성하는 부드러운 부분, 과일 따위의 씨를 둘러싸고 있는 부분을 의미하며 사람이나 동물의 머리에서 발끝까지의 모든 부분을 일컫기도 합니다. 그런데 우리가 성경에서 말하는 육을 이해하려면 사전적 의미뿐 아니라 영적인 의미를 아는 것이 더 중요합니다.

성경에는 육, 육신, 육체 등 육에 관한 단어가 많이 나오는데 대부분 영적인 의미가 담겨 있습니다. 영적으로 육이란 '시간이 흐르면 썩고 변질되며 결국 없어지는 것, 추하고 더러운 것의 총칭'입니다. 푸르른 잎사귀를 자랑하는 나무도 세월이 흐르면 말라 죽어 버려지거나 땔감이 되고 맙니다. 이렇게 눈에 보이는 산천초목은 세월을 이기지 못한 채 변질되고 썩어 사라지니 육이라 할 수 있습니다.

그렇다면 만물의 영장이라 하는 사람은 어떠할까요? 이 지구에는 약 67억 인구가 살고 있습니다. 지금 이 순간에도 지구 한편에서는 끊임없이 생명이 태어나지만 한편에서는 죽음을 맞아 세상을 떠납니다. 이렇게 사람도 죽으면 결국 한 줌의 흙으로 변하고 마니 육입니다. 또 사람이 살아가는 데 필요한 음식이나 언어와 문자, 과학 문명도 육이기 때문에 세월이 흐르면서 썩고 변하며 사멸하는 과정을 거칩니다. 그러므로 우리 눈에 보이는 이 땅의 모든 것과 우주 만물이 다 육입니다.

하나님을 떠난 사람은 육적인 존재이므로 만들어내는 소산물도 육일 뿐입니다. 육의 사람이 문명을 발전시켜 나가면서 추구하는 것이 무엇입니까? 바로 육신의 정욕과 안목의 정욕과 이생의 자랑입니다. 인간의 문명도 결국 오감(五感)을 만족시키고 쾌락을 추구하며, 육적인 욕구를 채우고자 발전시킨 것입니다. 시간이 지날수록 사람은 점점 더 감각적이고 자극적인 것을 추구합니다. 문명이 발달할수록 더 정욕적이고 방탕하게 타락해 가지요.

그런데 우리 눈에 보이는 육뿐 아니라 보이지 않는 육이 있습니다. 성경은 미움, 다툼, 시기, 살인, 간음 등 죄와 결부된 모든 속성을 육이라고 말씀합니다. 꽃향기나 공기, 바람 등이 눈에 보이지 않아도 존재하듯이 사람의 마음 안에도 보이지 않지만 죄의 속성이 존재하는데 이것이 모두 육입니다. 따라서 영적으로 육이란 천지 만물을 비롯한 썩고 변질되는 모든 것, 비진리와 죄악, 불의, 불법을 총칭합니다.

고린도전서 2장 14절에 "육에 속한 사람은 하나님의 성령의 일을 받지 아니하나니 저희에게는 미련하게 보임이요" 했습니다. 여기서 육이 단순히 사람의 몸, 신체를 뜻한다면 사람이 호흡하며 살아 있는 동안에는 성령의 일을 받지 못한다는 의미가 됩니다. 그러나 지금도 많은 사람이 성령을 받고 하나님의 역사를 체험하니 이때의 육은 전혀 다른 의미임을 알 수 있습니다.

그런가 하면 예수님께서는 "육으로 난 것은 육이요 성령으로 난 것은 영이니"(요 3:6) 하셨고, "살리는 것은 영이니 육은 무익하니라 내가 너희에게 이른 말이 영이요 생명이라"(요 6:63) 하셨습니다. 여기서도 육은 영적 의미로서 썩고 변질되는 것이므로 무익하다 말씀한 것입니다.

사람이 육에 머물면 아무 가치가 없어

사람에게는 동물과 달리 감정과 생각, 추구하는 가치가 있습니다. 그러나 이 역시 영원한 것이 아니므로 모두 육입니다. 또한 부와 명예, 지식 등 사람들이 귀하게 여기는 대부분의 것도 결국에는 덧없이 사라질 헛된 것입니다. 사랑이라는 감정은 어떻습니까? 연애할 때에는 "당신 없이는 살 수 없다."며 매달리던 사람도 막상 결혼한 후에는 마음이 변하는 경우가 많습니다. 자기 마음에 맞지 않으면 쉽게 짜증이나 화를 내고 폭력을 휘두르는 경우도 있지요. 이렇게 변하는 감정은 다 육입니다. 사람이 이러한 육에 머문다면 동식물과 크게 다를 바 없습니다. 하나님 보시기에는 모두 썩고 사라질 육일 뿐입니다.

"모든 육체는 풀과 같고 그 모든 영광이 풀의 꽃과 같으니 풀은 마르고 꽃은 떨어지되"(벧전 1:24)

"내일 일을 너희가 알지 못하는도다 너희 생명이 무엇이뇨 너희는 잠깐 보이다가 없어지는 안개니라"(약 4:14)

이처럼 영이신 하나님 말씀을 떠난 사람의 몸과, 마음에 품은 모든 것이 시간이 흐르면 결국 변질되고 사라지는 헛된 육에 불과합니다. 솔로몬 왕은 사람으로서 누릴 수 있는 온갖 부귀영화를 다 누렸지만 결국 육의 무가치함을 깨닫고 "헛되고 헛되며 헛되고 헛되니 모든 것이 헛되도다 사람이 해 아래서 수고하는 모든 수고가 자기에게 무엇이 유익한고"(전 1:2~3) 고백하였습니다.

우주 만물도 차원이 있어

물리나 수학에서 말하는 차원은 주어진 공간 내에서 한 점을 지정하는 데 필요한 좌표의 수를 말합니다. 즉, 직선상에서 한 점은 한 개의 좌표로 표현하므로 직선은 1차원, 평면상에서 한 점은 두 개의 좌표로 표현하므로 평면은 2차원, 같은 방법으로 공간은 세 개의 좌표를 사용하므로 3차원이라 합니다.

우리가 살고 있는 공간은 물리학적으로 볼 때 3차원의 세상이지요. 물리학적으로 더 깊이 들어가면 시간을 하나의 좌표로 고려하여 4차원을 언급하는 특수한 분야도 있습니다. 이것이 일반 과학에서 말하는 차원의 개념입니다.

그런데 영혼육의 관점에서 보면 크게 육과 영의 차원으로 나눌 수 있으며 육에는 무차원에서부터 3차원이 존재합니다. 무차원(無次元)은 생명이 없는 무생물을 말합니다. 바위나 흙, 물, 쇠 등이 이에 속하며 차원을 논할 수가 없지요. 생명이 있는 모든 생물체는 1차원에서 3차원으로 구분됩니다.

1차원은 생명이 있어 호흡은 하지만 움직이지 못하는 존재를 말합니다. 꽃이나 풀, 나무 등의 식물로서 영혼육 중에 육만 있고 혼과 영이 없습니다. 2차원은 호흡하고 움직이는 존재로 육과 혼이 있습니다. 사자, 소, 양과 같은 짐승을 비롯하여 새나 물고기, 곤충 등이 여기에 속하지요. 개가 주인을 알아보거나 낯선 사람을 보면 짖는 것은 혼이 있기 때문입니다.

3차원은 호흡하며 움직일 수 있고, 눈에 보이는 육과 그 안에 혼과 영을 가진 존재입니다. 바로 만물의 영장인 사람이 이에 해당합니다. 사람은 짐승이나 곤충 등과 달리 영이 있기 때문에 생각하고 말하며 신을 찾고 하나님을 믿을 수 있습니다. 그런가 하면 우리 눈에 보이지 않는 존재로서 4차원이 있습니다. 바로 영으로 된 존재입니다. 영이신 하나님과 천군 천사, 그룹들은 물론 악한 영들이 여기에 속합니다.

고차원은 저차원을 지배하고 다스려

2차원의 존재는 1차원 이하를 지배하고 3차원의 존재는 2차원 이

하를 지배합니다. 그러나 자기보다 높은 차원의 세계는 알지 못하지요. 1차원이 2차원을, 2차원이 3차원을 알 수 없는 것입니다. 예를 들어, 사람이 어떤 씨앗을 땅에 심고 물을 주며 가꿔줍니다. 싹이 트고 나무로 성장하여 열매를 맺는다 해도 정작 씨앗은 사람이 자신에게 어떻게 했는지 알지 못합니다. 지렁이가 사람의 발에 밟혀 죽는다 해도 영문을 모르지요. 고차원은 저차원을 지배할 수 있지만 저차원은 고차원의 다스림을 받을 뿐입니다.

마찬가지로 3차원의 존재인 사람은 4차원인 영의 세계에 대해 알지 못합니다. 그러니 육의 사람은 귀신 하나도 어찌하지 못하는 것을 봅니다. 하지만 육을 벗고 영의 사람, 곧 진리의 사람이 되면 4차원의 세계에 들어갈 수 있기에 악한 영을 능히 지배하고 정복하고 다스릴 수 있습니다.

영이신 하나님은 그의 자녀가 4차원에 대해 알기 원하십니다. 그래야 하나님의 뜻을 알아 순종하여 생명을 얻을 수 있기 때문입니다. 창세기 1장을 보면 아담이 선악과를 먹기 전에는 만물을 지배하고 다스리고 정복하였습니다. 원래 아담은 생령으로서 4차원에 속해 있었기 때문입니다. 그러나 아담이 죄를 지은 뒤 영이 죽으니 그는 물론 그가 낳은 후손이 모두 3차원에 속한 존재가 되었습니다. 그러면 하나님이 창조하신 사람이 어떻게 3차원으로 전락하였으며 다시 4차원의 존재로 회복할 수 있는지 살펴보겠습니다.

Chapter 2

천지 창조

창조주 하나님은 인간 경작을 위한 놀라운 계획을 세우셨습니다.
하나님의 공간을 육과 영의 세계로 나누고 육의 세계에 천지 만물을 창조하신 것입니다.

오묘한 공간의 분리

육의 공간과 영의 공간

영혼육의 사람

영원 전부터 하나님께서는 우주 공간에 홀로 계셨습니다. 빛으로 계셨던 하나님은 광활한 우주 공간을 두루 운행하며 모든 것을 홀로 다스리셨지요. 요한일서 1장 5절에 "하나님은 빛이시라" 한 것은 영적인 의미의 빛을 말하지만 아울러 태초에 빛으로 계셨던 하나님을 표현한 말씀이기도 합니다.

이처럼 하나님은 누가 낳은 분이 아니라 영원 전부터 스스로 계신 (출 3:14) 완전한 분으로서 사람의 한정된 능력과 지식으로 하나님을 이해하려고 하면 안 됩니다. 요한복음 1장 1절에는 태초의 비밀이 담겨 있습니다. "태초에 말씀이 계시니라" 했는데 이는 지극히 아름답고 영롱한 빛 안에 수많은 말씀을 머금고 온 우주 공간을 다스린 하나님의 모습을 설명한 것입니다.

여기서 태초는 천지 만물을 창조하는 시점을 가리키는 창세기 1장 1절과 달리 사람의 한계로 이해할 수 없는 아득한 영원 전을 나타냅니다. 과연 천지 창조 이전에는 어떤 일이 있었을까요?

1. 오묘한 공간의 분리

영의 세계는 아주 멀리 있는 것이 아닙니다.
우리 눈에 보이는 하늘 곳곳에 영의 세계로 통하는 문들이 있습니다.

수많은 세월이 흐르면서 하나님께서는 모든 것을 함께 느끼며 서로 사랑을 주고받을 수 있는 존재를 원하셨습니다. 하나님은 신성(神性)과 인성(人性)을 함께 갖고 계시기에 모든 것을 홀로 누리기보다는 누군가와 함께 나누고 싶으셨던 것입니다. 이러한 마음을 품으면서 창조주 하나님은 인간 경작을 위한 계획을 하셨습니다. 농부가 경작을 하여 알곡을 모아 곳간에 들이듯이, 사람을 창조하여 생육하고 번성하도록 축복하며 하나님을 닮은 수많은 영혼을 얻어 천국에 들이려는 계획입니다.

하나님께서는 먼저 하나님이 계실 영의 세계와 인간 경작이 이루어질 육의 세계가 필요함을 아시고 드넓은 우주 공간을 영과 육의 세계로 나눴습니다. 그후 성부, 성자, 성령 삼위일체 하나님으로 존재하시게 됩니다. 장차 인간 경작을 위해 구세주가 될 예수님과 보혜사 성령님이 계셔야 하기 때문입니다.

요한계시록 22장 13절을 보면 "나는 알파와 오메가요 처음과 나중이요 시작과 끝이라" 하여 삼위일체 하나님을 기록하고 있습니다. 삼위일체 하나님은 모든 지식과 문명의 알파와 오메가가 되시는 성부 하나님, 인간 구원의 처음과 나중이 되시는 성자 예수님, 인간 경작의 시작과 끝이 되시는 성령님을 의미합니다.

성자 예수님은 구세주로서의 사역을 감당하고 성령은 보혜사로서 구세주를 증거하며 구원을 온전히 이루는 사명이 있습니다. 성경은 성령에 대해 비둘기 같은 성령, 불같은 성령 등 여러 가지로 표현하는데 '하나님의 아들의 영'이라 말하기도 합니다. 갈라디아서 4장 6절에 "너희가 아들인 고로 하나님이 그 아들의 영을 우리 마음 가운데 보내사 아바 아버지라 부르게 하셨느니라" 했는데 이때 아들의 영은 바로 성령을 의미합니다. 또한 요한복음 15장 26절에는 진리의 성령이 아버지 하나님으로부터 나왔다고 말씀합니다.

성부, 성자, 성령 하나님은 인간 경작의 섭리를 이루기 위해 구체적인 형상을 입고 모든 일을 의논하고 계획하셨습니다. 창세기 1장에 기록된 천지 창조 사역을 살펴보면 잘 나타나 있지요.

"하나님이 가라사대 우리의 형상을 따라 우리의 모양대로 우리가 사람을 만들고"(창 1:26)

이는 사람의 겉모습만 성부, 성자, 성령 하나님의 형상대로 본떴다는 것이 아닙니다. 사람의 근본인 영이 하나님으로부터 주어졌으며, 거룩하신 하나님을 닮은 존재로 만들었다는 의미입니다.

육과 영의 세계로

하나님이 홀로 계실 때에는 육과 영의 세계를 구분할 필요가 없

있습니다. 하지만 인간 경작을 위해서는 인간이 살아갈 수 있는 육의 세계가 필요했기 때문에 육의 세계와 영의 세계로 나누셨습니다.

육과 영의 세계로 나누었다는 것은 이 땅의 개념처럼 하나의 공간을 이등분했다는 의미가 아닙니다. 예를 들어, 보이지 않는 A와 B라는 가스를 섞어 방 안에 넣었다고 가정해 보겠습니다. 그리고 약품을 사용하여 A 가스를 붉은 색으로 보이게 하여 B 가스와 구분되도록 했습니다. 이때 방 안에는 A와 B라는 두 개의 가스가 존재하지만 사람의 눈에는 붉은 A 가스만 보입니다. 하지만 B 가스가 보이지 않는다 해도 분명히 존재합니다.

이처럼 하나님께서는 드넓은 영의 공간을 우리 눈에 보이는 육의 세계와 보이지 않는 영의 세계로 분리하셨습니다. 물론 육과 영의 세계가 가스가 섞여 있는 것과 같은 상태로 존재하는 것은 아닙니다. 분리된 것 같으면서도 서로 겹쳐 있고, 겹쳐 있는 것 같으면서도 분리되어 있지요.

육의 세계와 영의 세계가 오묘하게 공간을 분리하여 존재한다는 증거로 하나님께서는 육의 세계의 우주 공간 곳곳에 영의 세계로 통하는 문을 두셨습니다. 영의 세계는 아주 멀리 있는 것이 아닙니다. 우리 눈에 보이는 하늘 곳곳에 영의 세계로 통하는 문들이 있기 때문입니다. 하나님께서 영안을 열어 주시면 이러한 통로를 통해 영의 세계를 볼 수 있지요.

스데반 집사가 성령이 충만하여 하나님 우편에 서신 예수님을 본

것도 영안이 열림과 동시에 영의 세계로 통하는 문이 열렸기 때문입니다(행 7:55~56). 엘리야 선지자가 산 채로 들림받은 사건, 부활하신 주님께서 승천하신 사건, 모세 선지자와 엘리야 선지자가 변화산에 나타난 사건 등도 영의 세계로 통하는 문이 있다는 사실을 인정한다면 쉽게 이해될 것입니다.

과학자들에 의하면 우주의 크기는 대략 150~200억 광년으로 알려져 있습니다. 만일 육의 세계에 속한 우주 끝을 지나야 영의 세계가 있다면, 영의 세계에 도달하는 데에는 아무리 빠른 우주선을 이용한다 해도 엄청난 세월이 걸릴 것입니다. 그렇다면 수많은 천사가 육과 영의 세계를 오가기 위해서 얼마나 먼 거리를 이동해야 하겠습니까? 그러나 영계의 통로가 열리면 순식간에 육과 영의 세계를 오갈 수 있습니다.

네 개의 하늘로 분리하신 하나님

이렇게 육과 영의 세계로 나눈 하나님은 다시 영의 세계를 필요에 따라 몇 개의 하늘로 나누셨습니다. 성경 곳곳에는 하늘이 하나가 아닌 여러 개임을 기록하고 있습니다. 이는 눈에 보이는 하늘이 전부가 아니라 보이지 않는 또 다른 하늘이 있음을 알려 줍니다. 영의 세계에 속한 공간을 우리가 쉽게 이해할 수 있도록 하나님께서는 하늘이라는 단어를 사용하여 영의 세계를 표현하셨습니다.

"하늘과 모든 하늘의 하늘과 땅과 그 위의 만물은 본래 네 하나님 여호와께 속한 것이로되"(신 10:14)

"옛적 하늘들의 하늘을 타신 자에게 찬송하라 주께서 그 소리를 발하시니 웅장한 소리로다"(시 68:33)

"하나님이 참으로 땅에 거하시리이까 하늘과 하늘들의 하늘이라도 주를 용납지 못하겠거든 하물며 내가 건축한 이 전이오리이까"(왕상 8:27)

하나님께서 분리하신 하늘은 크게 넷으로 구분됩니다. 우리가 사는 지구와 태양계가 속한 은하계뿐만 아니라 사람이 측량할 수 있는 우주를 포함한 모든 육의 공간을 첫째 하늘이라고 합니다.

둘째 하늘부터는 영의 공간입니다. 그곳에는 인간 경작에 필요한 에덴과 악한 영들의 공간이 있습니다. 하나님께서는 사람을 창조하신 후 빛의 영역인 에덴에 동산을 창설하여 그곳으로 이끌어들이고 만물을 다스리며 살게 하셨습니다(창 2:15).

셋째 하늘은 하나님의 보좌가 있으며 인간 경작을 통해 구원받은 하나님의 자녀가 장차 살아갈 천국이 있는 공간입니다.

넷째 하늘은 태초의 하나님께서 공간을 분리하기 전에 빛으로 홀로 계시던 근본의 하늘을 의미합니다. 이곳은 모든 시간과 공간을 초월하여 하나님께서 마음에 품으시는 대로 즉시 이루어지는 신비로운 공간입니다.

2. 육의 공간과 영의 공간

지금까지 성경학자들이 지구에서 에덴동산을 찾고자 했지만 찾지 못한 이유는
무엇일까요? 에덴동산은 영의 세계에 속한 둘째 하늘에 있기 때문입니다.

하나님께서 인간 경작을 위해 오묘하게 분리하신 공간은 눈에 보이는 육의 공간과 보이지 않는 영의 공간으로 구분할 수 있습니다. 하나님은 장차 인간 경작을 통해 얻을 참 자녀를 위해 셋째 하늘에 천국을 만드시고, 인간 경작을 위한 터전으로서 첫째 하늘에는 지구를 만드셨습니다.

창세기 1장을 보면 하나님께서 6일 동안 천지 만물을 창조하신 과정이 대략적으로 기록되어 있습니다. 하나님께서는 처음부터 완전한 지구를 만든 것이 아니라 지각활동과 대기 중의 여러 현상을 통해 땅과 하늘의 기초를 다지셨습니다. 사랑하는 참 자녀를 얻기 위한 터전이기에 친히 지구에 오셔서 살피기도 하며 오랜 시간 정성을 들이셨지요.

태아는 어머니 뱃속의 양수 안에서 안전하게 자랍니다. 마찬가지로 지구를 만들고 모든 기초가 다져진 뒤 엄청난 양의 물로 덮었는데, 바로 이것이 영의 세계인 셋째 하늘에 두신 생명수입니다. 맑고 투명한 생명수로 지구를 덮어 만물이 살아갈 터전으로서 준비가 되자 본격적으로 창조 사역을 펼치십니다.

첫째 날에 "빛이 있으라" 말씀하시니 하나님의 보좌로부터 흘러나온 영적인 빛이 지구를 둘렀습니다. 이 빛으로 인해 하나님의 신성과 능력이 깃들어 모든 것이 일정한 질서와 법칙 속에 운행되었지요(롬 1:20). 또한 빛과 어둠을 나누어 빛을 낮, 어둠을 밤이라 칭하셨습니다. 해와 달이 있기 전에 밤과 낮을 반복하며 시간의 흐름이 운행되도록 법칙을 세운 것입니다.

둘째 날에는 지구를 덮은 물을 궁창 아래의 물과 궁창 위의 물로 나누셨습니다. 하나님께서는 궁창을 하늘이라 칭하셨는데 이때 우리 눈에 보이는 하늘이 만들어지면서 생명체가 호흡할 수 있는 공기와 구름, 바람 등 대기활동이 일어날 수 있는 기초적인 환경이 조성되었습니다.

궁창 아래의 물은 지구에 남아 있는 물로서 바다와 강과 호수를 이루는 등 장차 지구에 필요한 물의 근원이 됩니다(창 1:9~10). 궁창 위의 물은 둘째 하늘에 만들어질 에덴동산을 위해 예비해 두신 것입니다. 셋째 날에는 궁창 아래의 물이 한 곳으로 모이게 하여 바다와 땅을 구분하였으며, 땅에 풀과 채소, 과목 등을 지으셨습니다.

넷째 날에는 해와 달과 별들을 만들고 그것들로 낮과 밤을 주관하게 하셨습니다. 다섯째 날에는 물고기와 새를 지으셨으며, 여섯째 날에 이르러 육축과 짐승과 모든 기는 것을 만드신 후에 비로소 사람을 창조하셨습니다.

둘째 하늘의 에덴동산은 영의 세계이지만 셋째 하늘에 있는 영의 세계와는 구별됩니다. 온전한 영의 세계라고 할 수 없으며 육의 차원과도 공존할 수 있는 세계입니다. 쉽게 말해 육과 영의 중간 단계로 볼 수 있습니다. 하나님께서는 사람을 생령으로 창조하신 뒤 동방의 에덴에 동산을 창설하고, 그곳으로 이끌어들이셨습니다(창 2:8). 여기서 '동방'이란 동쪽을 가리키는 것이 아니라 '빛으로 둘러싸인 영역'을 의미합니다.

지금까지 성경학자들이 메소포타미아 지역, 유프라테스 강과 티그리스 강 주변에 에덴동산이 있었을 것으로 추정하고 고고학적 연구와 발굴 작업을 거듭해왔지만 아무런 흔적을 찾을 수 없었습니다. 그 이유는 생령 아담이 살던 에덴동산은 영의 공간으로서 둘째 하늘에 있기 때문입니다.

에덴동산은 우리가 상상할 수 없을 만큼 광활한 공간입니다. 그곳에는 지금도 아담이 선악과를 먹기 전에 낳은 자녀가 끊임없이 생육하고 번성하며 살고 있습니다. 에덴동산은 공간의 제약이 없는 영의 영역이기 때문에 아무리 오랜 세월이 지나도 가득 찰 걱정이 없습니다.

그런데 창세기 3장 24절을 보면, 하나님께서 에덴동산의 동편을 두루 도는 화염검과 그룹들로 지키게 하시는 내용이 나옵니다. 이는 에덴동산의 동편을 경계로 어둠의 영역이 있기 때문입니다. 악의 영들은 늘 에덴동산을 노렸는데 그 이유는 아담을 미혹하려는 것과 더불어 생명나무의 열매를 얻기 위해서였습니다. 그것을 먹고 영생하여 하나님과 영원히 대적하겠다는 나름대로의 계획이 있었던 것입니다. 아담에게는 이러한 어둠의 세력으로부터 에덴동산을 지키는 사명이 있었습니다. 그런데 아담이 사단의 미혹을 받아 선악과를 먹고 이 땅으로 쫓겨나자 그 사명을 그룹들과 두루 도는 화염검이 대신 감당하게 된 것입니다.

이로써 둘째 하늘은 에덴동산이 있는 빛의 영역과 악한 영들이 있는 어둠의 영역이 공존하는 공간임을 알 수 있습니다. 뿐만 아니라 둘째 하늘의 빛의 영역 안에는 장차 주님이 공중 강림하실 때에 성도들과 7년 혼인 잔치를 할 특별한 공간도 예비되어 있는데 에덴동산보다 훨씬 아름답습니다. 창세 이래 구원받은 모든 사람이 함께 모여 잔치하는 곳이니 얼마나 넓겠습니까.

또 다른 영의 공간으로서 셋째 하늘과 넷째 하늘이 있는데, 이에 대해서는 하권에서 자세히 설명하겠습니다. 이처럼 하나님께서 육과 영의 공간으로 나누고 그것을 다시 여러 공간으로 구분하신 것은 바로 우리 사람을 위해서입니다. 참 자녀를 얻기 위한 인간 경작의 섭리 속에 이루어진 것입니다. 그렇다면 하나님께서 창조하신 사람은 과연 어떻게 이루어졌을까요?

3. 영혼육의 사람

1) 생령인 아담

첫 사람 아담을 이해하는 것은 사람의 근본을 찾아가는 열쇠가 됩니다. 하나님께서는 인간 경작을 위해 아담을 생령으로 창조하셨습니다. 창세기 2장 7절에는 아담의 탄생 과정이 잘 나와 있습니다.

"하나님이 흙으로 사람을 지으시고 생기를 그 코에 불어넣으시니 사람이 생령이 된지라"

아담을 창조하실 때 재료가 된 것이 바로 흙입니다. 흙으로 사람을 빚으신 데에는 장차 지구에서 받게 될 경작의 의미가 담겨 있습니다(창 3:23). 또한 어떤 성분을 첨가하느냐에 따라 성질이 달라지는 흙의 특성과도 밀접한 관련이 있지요.

하나님께서는 흙으로 사람의 형상만 빚은 것이 아니라 오장육부와 뼈, 핏줄, 신경조직까지 섬세하게 만드셨습니다. 뛰어난 도공의 손길로도 한 줌의 흙이 아름답고 가치 있는 도자기로 변모되는데 하물며 전지전능한 하나님께서 친히 그 형상을 따라 빚으셨으니 얼마나 아름답겠습니까?

아담은 우윳빛이 도는 희고 깨끗한 피부에 건장한 체구였습니다. 또한 머리에서 발끝까지 모든 기관과 세포 하나까지도 완벽하며 매우 아름다웠습니다. 이러한 아담에게 하나님이 생기를 그 코에 불어넣으시니 생령(生靈), 곧 살아 있는 영이 되었습니다. 잘 조립된 전등이 그 자체로는 빛을 내지 못하지만 전원을 연결하면 빛을 발산하는 것과 같은 이치이지요. 아담 역시 하나님으로부터 생기를 공급받은 후에야 심장이 박동하며 피가 돌고 모든 기관과 세포의 활동이 시작됐습니다. 뇌의 활동이 시작되었으며 눈은 보고 귀는 들으며 몸은 원하는 대로 움직이게 된 것입니다.

생기(生氣)란 '하나님의 모든 능력이 응집된 결정체'로서 하나님의 기운이라고도 하며 힘, 능력, 에너지 등을 의미합니다. 생명을 유지하는 원동력이지요. 아담은 하나님이 생기를 불어넣자 자신의 몸의 형상과 똑같은 영체를 이루었습니다. 아담의 육이 형체를 갖고 있는 것처럼 영 또한 아담의 모습과 같은 형체를 이룬 것입니다. 영체에 대해서는 하권에서 자세히 다룰 것입니다.

생령 아담의 몸은 썩지 않는 살과 뼈로 구성되었는데, 그 안에 하나님과 교통할 수 있는 영과 그것에 순종하며 보조 역할을 하는 혼이 담겨 있었습니다. 영이 원하는 대로 혼과 육이 순종함으로써 하나님 말씀을 지켜 행하고 영이신 하나님과 교통할 수 있었습니다.

그런데 아담은 창조될 당시, 몸은 성인의 모습이었지만 영체에는 아무런 지식이 없는 상태였습니다. 아이가 성장하면서 지식을 배워야 교양과 인격을 갖추고 사람답게 살아갈 수 있듯이, 영 안에 지식이 담겨야 진정한 영이라 할 수 있습니다. 하나님께서는 아담을 에덴동산으로 이끌어들이신 뒤 그에게 진리의 지식, 곧 영의 지식을 하나하나 가르쳐 주셨습니다. 천지 만물의 조화와 영계의 법칙, 진리의 말씀과 하나님에 관한 무한한 지식을 알려 주셨지요. 그래서 생령 아담은 땅을 정복하고 다스릴 수 있었습니다.

무수한 세월을 살아가다

생령 아담은 영의 지식과 지혜를 가지고 만물의 영장으로서 에덴동산과 지구를 지배하며 다스렸습니다. 하나님께서는 아담이 독처하는 것을 보고 좋지 않게 여겨 그의 갈빗대 하나를 취하여 여자인 하와를 창조하셨습니다. 아담을 돕는 배필로 지은 후 한 몸을 이루게 하셨습니다. 그러면 아담과 하와는 에덴동산에서 얼마나 살았을까요?

성경에 구체적으로 기록되어 있지 않지만 상상할 수 없을 만큼 오랜 세월 동안 살았습니다. 창세기 3장 16절을 보면 "또 여자에게 이르시되 내가 네게 잉태하는 고통을 크게 더하리니 네가 수고하고 자식을 낳을 것이며"라고 말씀했습니다. 하와가 죄를 지어 저주를 받은 결과 잉태하는 고통과 해산하는 수고가 더하게 된 것입니다. 바꿔 말하면 저주받기 전 에덴동산에 살 때에도 자녀를 낳았고 가볍게나마 해산의 고통이 있었음을 나타내는 말씀입니다. 아담과 하와는 생령으로서 늙지 않으므로 오랜 세월 동안 생육하고 번성하며 살았습니다.

그런데 아담이 창조되자마자 곧바로 선악과를 먹고 멸망의 길로

갔다고 오해하는 사람이 많습니다. 어떤 사람은 "성경에 기록된 인류 역사는 약 6천 년밖에 안 되는데 수십만 년 전의 것으로 추정되는 화석이 나오는 이유는 무엇입니까?"라고 질문합니다.

성경에 기록된 인간 경작의 역사는 아담이 죄를 짓고 지구로 쫓겨난 이후부터의 세월을 계산한 것입니다. 아담이 에덴동산에서 살았던 무수한 세월은 포함되지 않습니다. 아담이 에덴동산에서 사는 동안 지구에는 지각과 지질의 많은 변화와 각종 생물이 번식 또는 멸종하는 과정이 있었고 이러한 흔적이 화석으로 남게 되었습니다. 따라서 몇백만 년 전의 화석도 나올 수 있지요.

2) 죄를 범한 아담

하나님이 아담을 에덴동산으로 이끌어들일 때 한 가지 금하신 것이 있습니다. 바로 선악을 알게 하는 나무의 실과만은 먹지 말라 하신 것입니다. 그런데 오랜 세월이 흐른 뒤 아담과 하와는 선악과를 먹고 말았습니다. 이로 인해 그들은 에덴동산에서 쫓겨나 지구로 내려오게 되었고 이때부터 인간 경작의 역사가 시작됩니다.

그러면 아담은 어떻게 죄를 범했을까요? 하나님이 아담에게 주신 막강한 권세를 호시탐탐 노리는 존재가 있었습니다. 바로 악한 영의 우두머리인 루시퍼입니다. 루시퍼는 하나님을 대적하여 이기기 위해 무엇보다 아담의 권세를 빼앗아야 한다고 생각했습니다. 그래서 치밀한 계획을 세운 뒤 간교한 뱀을 이용합니다.

창세기 3장 1절에 "여호와 하나님의 지으신 들짐승 중에 뱀이 가장 간교하더라" 하신 대로 뱀은 간교한 성질의 흙으로 만들어졌습니다. 토질 자체가 다른 동물보다 악을 받아들일 수 있는 가능성이 높았습니다. 그래서 악한 영의 사주를 받아 사람을 미혹하는 도구가 된 것입니다.

호시탐탐 미혹하는 악한 영들

당시 아담은 지구와 에덴동산을 다스리는 큰 권세가 있었기 때문에 뱀이 아담을 직접 유혹하는 것은 쉽지 않았습니다. 그래서 하와를 통해 유혹하는 간접적인 방법을 택합니다. 뱀은 하나님께서 아담에게 선악과를 먹지 말라고 하신 것을 알고 있었지요. 그런데도 하와에게 "하나님이 참으로 너희더러 동산 모든 나무의 실과를 먹지 말라 하시더냐?" 하고 미끼를 던지듯 교묘하게 묻습니다. 이때 하와는 "동산 나무의 실과를 우리가 먹을 수 있으나 동산 중앙에 있는 나무의 실과는 하나님의 말씀에 너희는 먹지도 말고 만지지도 말라 너희가 죽을까 하노라 하셨느니라"(창 3:2~3) 하고 답변합니다.

하나님께서 "네가 먹는 날에는 정녕 죽으리라"(창 2:17) 하셨는데 하와는 "너희가 죽을까 하노라" 답변한 것입니다. 미묘한 차이라고 생각할 수 있지만 이는 하나님 말씀을 명심하지 못한 증거이며, 온전히 믿지 못한다는 의심의 표현이기도 합니다. 하와가 하나님 말씀을 변질시키는 것을 본 뱀은 더욱 적극적으로 유혹하지요. 창세기 3장 4~5절을 보면 "너희가 결코 죽지 아니하리라" 하면서 하나님 말씀을 정면으로 부정합니다. 나아가 "너희가 그것을 먹는 날에는 너희 눈이 밝아 하나님과 같이 되어 선악을 알 줄을 하나님이 아심이니라" 하며 유혹합니다.

이처럼 사단이 뱀을 주관하여 하와의 생각에 욕심을 불어넣으니 선악을 알게 하는 나무가 예전과 다르게 보였습니다. 먹음직도 하고 보암직도 하고 지혜롭게 할 만큼 탐스럽게 보입니다(창 3:6). 예전에는 하나님을 거역할 마음이 없었는데 욕심이 잉태하니 유혹을 물리치지 못하고 결국 선악과를 따먹었습니다. 하와가 자기와 함께한 남편에게도 주니 아담도 먹고 맙니다.

변명하는 아담과 하와

창세기 3장 11~12절에 하나님께서 아담에게 "내가 너더러 먹지 말라 명한 그 나무 실과를 네가 먹었느냐?" 하고 물으십니다. 모든 상황을 알지만 스스로 잘못을 인정하고 회개하기를 원하신 것입니다. 그러나 아담은 "하나님이 주셔서 나와 함께하게 하신 여자 그가 그 나무 실과를 내게 주므로 내가 먹었나이다"라고 답변합니다. 하나님이 여자를 주시지 않았다면 이런 일이 없었을 것이라는 의미가 담겨 있지요. 자신의 잘못을 인정하기보다 어떻게든 모면하고자 한 것입니다. 물론 아담에게 선악과를 먹게 한 하와에게 일차적인 책임이 있습니다. 하지만 아담은 여자의 머리로 세워졌으니 자신에게 책임이 있음을 인정해야 옳습니다. 그런데 그는 잘못을 전적으로 여자에게 돌립니다.

하나님께서 이번에는 여자에게 물으십니다. 창세기 3장 13절에 "네가 어찌하여 이렇게 하였느냐" 하셨지요. 아담이 머리로서 책임을 진다 해도 하와 역시 책임을 면할 수 없는 상황입니다. 하지만 하와 역시 "뱀이 나를 꾀므로 내가 먹었나이다" 하며 뱀의 탓으로 돌립니다. 그렇다면 죄를 지은 아담과 하와는 어떻게 되었을까요?

영이 죽게 된 아담

창세기 2장 17절에 "선악을 알게 하는 나무의 실과는 먹지 말라 네가 먹는 날에는 정녕 죽으리라" 했습니다. 여기서 하나님께서 말씀하신 죽음이란 단순히 호흡이 끊어지는 육체의 죽음이 아닌 '영의 죽음'을 의미합니다. 영이 죽었다는 것은 영 자체가 사라졌다는 뜻이 아니라 하나님과의 교통이 끊어져 본연의 활동을 하지 못하게 되었다는 의미입니다. 영은 존재할지라도 하나님으로부터 영적인 것을 공급받지 못하니 죽은 것과 다름없게 된 것입니다.

이처럼 아담과 하와의 영이 죽으니 하나님께서는 그들을 더 이상 영의 공간인 에덴동산에 두실 수 없었습니다. 창세기 3장 22~23절을 보면 "여호와 하나님이 가라사대 보라 이 사람이 선악을 아는 일에 우리 중 하나같이 되었으니 그가 그 손을 들어 생명나무 실과도 따먹고 영생할까 하노라 하시고 여호와 하나님이 에덴동산에서 그 사람을 내어 보내어 그의 근본 된 토지를 갈게 하시니라" 말씀합니다.

하나님께서 "선악을 아는 일에 우리 중 하나같이 되었다" 하신 것은 아담이 정말 하나님과 같이 되었다는 뜻이 아닙니다. 하나님이 진리와 비진리를 다 아시는 것처럼 그동안 진리만 알고 있던 아담이 이제는 비진리까지 알게 되었다는 의미입니다. 그 결과 생령이었던 아담은 육으로 환원되어 죽을 수밖에 없는 존재가 되었습니다. 그래서 처음 하나님이 아담을 창조하신 이 땅으로 되돌아와야 했지요. 육의 사람은 영의 공간에서 살 수 없기 때문입니다. 더욱이 아담이 생명나무 실과마저 따먹으면 영생하게 되니 하나님께서는 이러한 아담을 에덴동산에 그냥 두실 수가 없었습니다.

3) 육의 공간으로의 복귀

아담이 불순종하여 선악과를 먹은 뒤 모든 것이 달라졌습니다. 육의 공간인 지구로 쫓겨나 평생 땀 흘려 수고해야 소산을 얻게 되었으며, 만물도 아담으로 인해 저주를 받아 창조되었을 때처럼 좋은 환경이 아니었습니다.

"아담에게 이르시되 네가 네 아내의 말을 듣고 내가 너더러 먹지 말라 한 나무 실과를 먹었은즉 땅은 너로 인하여 저주를 받고 너는 종신토록 수고하여야 그 소산을 먹으리라"(창 3:17)

이 말씀에서 아담이 죄를 범하여 아담뿐 아니라 이 땅, 즉 첫째 하늘에 어떤 저주가 임했는지 알 수 있습니다. 모든 것이 아름답게 순환되며 질서를 유지하던 지구에 저주가 임하면서 새로운 육의 질서가 세워졌습니다. 아담이 죄를 지어 이 땅에 있는 만물도 함께 저주를 받으니 질병과 병원균이 생겨나고 동물과 식물도 변질되기 시작했습니다.

창세기 3장 18절에 "땅이 네게 가시덤불과 엉겅퀴를 낼 것이라" 말씀합니다. 가시덤불이나 엉겅퀴로 인해 밭의 식물이 제대로 자랄 수 없기 때문에 아담은 종신토록 수고해야 그 소산을 먹을 수 있었습니다. 땅이 저주를 받으니 불필요한 나무와 풀이 생겨나고 독충이나 해충이 생겨났으며 이로 인해 그것을 제거하고 땅을 갈아 옥토로 만드는 개간 작업이 필요하게 되었습니다.

마음밭 개간이 필요해지다

이 땅에서 경작받게 된 사람도 마찬가지입니다. 사람이 죄를 짓기 전에는 영의 지식만 있고 흠과 티가 없는 깨끗한 마음이었습니다. 창세기 3장 23절에 "여호와 하나님이 에덴동산에서 그 사람을 내어 보내어 그의 근본 된 토지를 갈게 하시니라" 하셨는데, 이는 흙으로 지음 받은 아담을 토지에 비유하여 그 마음을 개간하게 하셨다는 말씀입니다. 죄를 범하기 전의 아담은 토지 곧 마음을 개간해야 할 필요가 없었습니다. 마음에 악 자체가 없었기 때문입니다.

그러나 불순종 이후 원수 마귀 사단이 사람을 주관해 나가면서 마음에 점점 더 많은 육의 것을 심어 주었습니다. 미움, 혈기, 교만, 간음 등을 심어 준 것입니다. 이것이 가시덤불과 엉겅퀴처럼 자라기 시작했습니다. 그리하여 점점 육으로 물들어갔습니다.

이런 상태에서 근본 된 토지를 간다는 것은 예수님을 영접한 뒤 하나님 말씀으로 마음에 심긴 육을 버리고 다시 영으로 회복해가는 것을 의미합니다. 만일 그렇게 하지 않으면 여전히 죽은 영으로서 영생을 누릴 수 없다는 의미가 포함되어 있습니다. 사람이 이 땅에서 경작받는 목적은 육으로 돌아간 마음밭을 개간하여 타락하기 이전의 깨끗한 영의 마음을 만드는 것입니다.

에덴동산에서 쫓겨나 이 땅에서 사는 것이 아담으로서는 엄청난 변화였습니다. 마치 한 나라의 왕자로 살던 사람이 하루아침에 아주 낮고 천한 신분이 된 것보다 더한 고통이 찾아온 것입니다. 하와 역시 잉태하는 고통이 크게 더하여 극심한 진통을 겪으며 자녀를 낳아야 했습니다.

더구나 에덴동산에서 생령으로 살아갈 때에는 죽음이 없었지만 썩고 변질되는 육의 공간에 살면서 죽음을 피할 수 없게 되었습니다. 창세기 3장 19절에 "네가 얼굴에 땀이 흘러야 식물을 먹고 필경은 흙으로 돌아가리니 그 속에서 네가 취함을 입었음이라 너는 흙이니 흙으로 돌아갈 것이니라" 하신 대로 죽음을 겪어야 하는 존재가 된 것입니다.

물론 아담의 영은 하나님께로부터 온 것이므로 완전히 소멸될 수는 없습니다. 창세기 2장 7절에 "생기를 그 코에 불어넣으시니 사람이 생령이 된지라" 하셨는데 하나님이 불어넣어 주신 생기는 불멸의 속성을 갖고 있기 때문입니다. 다만 영이 활동할 수 없게 되니 혼이 사람의 주인 노릇을 하며 육을 다스리게 되었습니다. 이때부터 변질되는 육의 질서에 따라 아담의 몸은 늙고 결국 죽음을 맞아 다시 흙으로 돌아가야 했습니다.

그 당시에는 지구가 저주를 받았다 해도 지금과 같이 죄악이 두루 퍼진 상태가 아니었기 때문에 아담은 구백삼십 세까지 살 수 있었습니다(창 5:5). 그러나 세월이 흐를수록 사람은 더욱 악해졌으며 이에 따라 수명이 단축되었지요.

에덴동산을 떠나 이 땅에 내려온 아담과 하와는 새로운 환경과 변화에 적응해야 했고 무엇보다 이제는 생령이 아닌 육의 사람으로 살아야만 했습니다. 일을 하면 피곤하니 쉬어야 했고, 질병이 틈타기도 했으며, 먹으면 배설해야 하는 등 모든 것이 달라졌습니다. 아담이 행한 불순종의 결과는 결코 작은 것이 아니었습니다. 모든 인류의 죄가 시작된 것입니다. 불순종의 죄를 범한 첫 사람 아담과 하와, 그리고 그의 후손은 육의 공간인 지구에서 영이 죽은 채 삶을 시작하게 되었습니다.

Chapter 3

육의 공간 속에서의 사람

육이란 죄와 결부된 속성이므로 육의 공간에서 사람은 죄를 지을 수밖에 없습니다. 하지만 그 중심에는 하나님께서 심어 주신 생명의 씨가 있어 인간 경작의 섭리가 이루어집니다.

아담과 하와는 이 땅에 살면서 많은 자녀를 낳았습니다. 비록 그들의 영이 죽었지만 사랑의 하나님께서는 그들을 버리지 않으시고 때에 따라 필요한 것을 알려 주셨습니다. 아담은 이러한 진리를 자녀에게도 알려 주었고 가인과 아벨은 하나님 앞에 어떻게 제사해야 하는지 잘 알고 있었습니다.

그런데 세월이 지난 뒤 동생 아벨은 마음과 뜻과 정성을 다하여 하나님이 원하시는 피의 제사를 드렸지만 형 가인은 임의대로 땅의 소산을 제물 삼아 드렸습니다. 하나님께서 아벨의 제사만 받으시자 가인은 잘못을 깨닫고 뉘우치는 것이 아니라 오히려 아벨을 시기하였습니다. 급기야 아벨을 죽이고 맙니다.

세월이 갈수록 점점 죄악이 더해가니 노아 시대에는 모든 혈육 있는 자의 포악함이 땅에 가득했습니다. 이에 하나님께서는 온 세상을 물로 심판하고 의인 노아와 그의 세 아들을 통해 새로운 민족과 국가를 형성하게 하셨습니다. 그러면 육의 공간에서 살게 된 사람들의 모습은 과연 어떠했을까요?

1. 생명의 씨

아담이 죄를 지은 후에는 하나님과의 교통이 끊어지니 영의 기운은 점점 빠져나가고 육의 기운이 들어와 생명의 씨를 감싸게 됩니다.

하나님은 아담을 창조할 때 흙으로 빚으셨습니다. 언어학적으로 아담(Adam)의 이름은 땅이나 흙을 의미하는 히브리어 'Adamah'에서 유래합니다. 하나님은 진흙으로 사람의 모양을 만드시고 그 코에 생기를 불어넣어 주셨습니다. 이사야 선지자도 사람이 진흙으로 만들어졌음을 고백합니다.

"그러나 여호와여 주는 우리 아버지시니이다 우리는 진흙이요 주는 토기장이시니 우리는 다 주의 손으로 지으신 것이라"(사 64:8)

제가 교회를 개척하고 얼마 안 되었을 때의 일입니다. 기도 중에 하나님께서 흙으로 아담을 정성껏 빚는 장면을 보여 주셨습니다. 하나님께서 재료로 사용하신 흙은 물과 배합된 진흙이었습니다. 여기서 물은 영적으로 하나님 말씀을 의미합니다(요 4:14). 이러한 물과 흙이 연합한 후 생기가 들어가니 생명과 일체인 피(레 17:14)가 돌고 살아 움직이는 존재가 된 것입니다.

하나님의 능력이 담긴 생기는 영이신 하나님으로부터 나왔기 때문에 영원히 사라지지 않습니다. 성경에서 아담을 단순히 사람이라 하지 않고 생령이라 기록한 것은 흙으로 지음 받았지만 하나님께서 생기를 불어넣어 영생할 수 있게 하셨기 때문입니다. 여기서 우리는 예수님이 "너희 율법에 기록한 바 내가 너희를 신이라 하였노라 하지 아니하였느냐 성경은 폐하지 못하나니 하나님의 말씀을 받은 사람들을 신이라 하셨거든"(요 10:34~35) 말씀하신 의미를 깨우칠 수 있습니다.

원래 사람은 육체의 죽음으로 끝나지 않고 영원히 살 수 있는 존재였던 것입니다. 비록 아담이 불순종하여 영이 죽은 상태가 되었지만 그 중심에는 하나님께서 심어 주신 생명의 씨가 존재하기에 누구든지 하나님의 자녀로 거듭날 수 있습니다.

모든 사람에게 주신 생명의 씨

첫 사람 아담을 창조하실 때 하나님께서는 영원히 소멸되지 않는 생명의 씨를 심어 놓으셨습니다. 생명의 씨란 아담의 영 안에 하나님께서 주신 근본 씨앗으로서, 영혼의 핵(核)과 같습니다. 생명의 씨는 영의 근원으로서, 창조주 하나님에 대해 궁구하며, 사람의 본분을 지켜 나갈 수 있는 능력의 원천입니다(전 12:13).

하나님께서는 사람이 잉태된 지 6개월이 될 때 태아에게 영과 함께 생명의 씨를 주십니다. 이러한 생명의 씨 안에는 하나님의 마음과 능력이 담겨 있어서 하나님과 교통할 수 있는 매개체가 됩니다. 그래서 하나님을 모르는 사람이라도 마음 깊은 곳에 생명의 씨가 있기 때문에 사후의 세계나, 신의 존재를 부인하지 못하는 것입니다.

피라미드나 고대 문명의 유적을 보면 그 안에 영생불멸 사상과 영원한 안식처를 동경하는 내용이 담겨 있습니다. 아무리 용감한 사람이라도 죽음이 임박하면 공포를 느끼는 것은 마음 깊은 곳에 자리 잡고 있는 생명의 씨가 내세를 인식하기 때문입니다.

모든 사람에게는 하나님이 주신 생명의 씨가 있어서 근본 속에서 하나님을 찾습니다(전 3:11). 생명의 씨는 마치 사람의 심장과 같은 역할을 하기 때문에 영적 생명과 직결됩니다. 심장의 활동으로 피가 온몸을 돌면서 산소와 영양분을 공급하여 생명이 유지되는 것처럼 생명의 씨가 활발하게 활동하면 하나님과 교통을 이루며 영이 충만해집니다. 반대로 생명의 씨가 활동하지 못하면 하나님과 교통을 이루지 못하니 영이 죽을 수밖에 없습니다.

영혼의 핵인 생명의 씨

생령 아담은 하나님께서 가르쳐 주신 진리의 지식이 영 안에 채워지면서 생명의 씨가 활발히 움직이게 되었고 영의 기운으로 충만하였습니다. 그래서 수많은 동물의 이름을 짓고 그것들을 다스리며 만물의 영장답게 살 수 있었던 것입니다. 그러나 아담이 죄를 지은 후에는 하나님과의 교통이 끊어지니 영의 기운이 점점 빠져 나가고 마음 안에 육의 기운이 들어와 생명의 씨를 감쌌습니다. 이로 인해 점점 생명의 씨는 빛을 잃고 아무 움직임이 없는 상태가 되었지요.

사람의 심장이 뛰지 않으면 생명이 끝나는 것처럼 생명의 씨가 활동을 멈추니 아담의 영도 죽고 말았습니다. 영이 죽었다는 것은 이처럼 생명의 씨가 활동을 멈추어 마치 죽은 것과 다름없게 된 상태를 말합니다. 그래서 육의 공간의 모든 사람은 영적 활동을 하지 않는 생명의 씨를 갖고 태어나는 것입니다.

아담의 범죄 후 죽음을 피할 수 없게 된 모든 사람이 다시 영원한 생명을 얻기 위해서는 빛이신 하나님의 도움으로 죄의 문제를 해결해야 합니다. 바로 예수 그리스도를 영접하여 죄를 용서받아야 하지요. 우리의 영을 살리기 위해 예수님은 온 인류의 죄를 대신 지고 십자가에 달려 죽으셨습니다. 모든 사람에게 영원한 생명을 얻을 수 있는 길과 진리와 생명이 되어 주신 것입니다. 이러한 예수님을 구세주로 영접할 때 죄가 용서되고 하나님의 자녀가 되어 성령을 선물로 받습니다.

성령은 우리에게 오셔서 생명의 씨가 활동하게 하시며 이로 인해 죽은 영이 살아납니다. 그러면서 빛을 잃은 생명의 씨가 다시 빛을 발하기 시작합니다. 물론 생령 아담처럼 온전히 빛을 발하는 차원은 아니며 믿음의 분량이 커지고 영이 성장함에 따라 빛의 강도가 달라집니다.

생명의 씨가 성령으로 충만해져서 빛을 발할수록 영체에서 나오는 빛이 강해집니다. 그리고 다시 영의 지식을 채워 가는 만큼 잃어버린 하나님의 형상을 찾아 하나님을 닮은 참 자녀가 될 수 있습니다.

육적인 생명의 씨

그런데 영혼의 핵과 같은 생명의 씨 외에도 육적인 생명의 씨가 있습니다. 바로 하나님께서 사람에게 주신 정자와 난자를 말합니다. 하나님은 영원히 사랑을 나눌 참 자녀를 얻고자 인간 경작의 섭리를 계획하고 육적인 생명의 씨를 주어 사람이 생육하고 번성하게 하셨습니다. 하나님이 계신 영의 공간은 영원하며 무한한데 만일 자녀가 없다면 얼마나 적막하시겠습니까? 그래서 생령 아담을 창조하고 대대로 후손을 이어가게 하여 무수한 자녀를 얻으시는 것입니다.

하나님께서 원하시는 자녀는 죽은 영이 살아나 영이신 하나님과 교통을 이루며 아름다운 천국에서 영원히 사랑을 주고받을 수 있는 사람입니다. 그러한 참 자녀를 얻기 위해 모든 사람에게 생명의 씨를 주고 때가 이르기까지 인간 경작을 하시는 것입니다. 이러한 하나님의 사랑과 섭리를 깨달은 다윗은 "내가 주께 감사하옴은 나를 지으심이 신묘막측하심이라 주의 행사가 기이함을 내 영혼이 잘 아나이다"(시 139:14) 고백했습니다.

2. 사람의 생성

사람은 복제할 수 없습니다. 사람의 형상은 복제할 수 있을지라도
영이 없기 때문에 그것은 사람이라 할 수 없으며 짐승과 다를 바 없는 존재입니다.

남녀가 만나 사랑을 하면 남자의 정자와 여자의 난자가 결합하여 새로운 생명이 잉태됩니다. 태아는 어머니 뱃속에서 10개월을 보내면서 온전한 사람의 형체를 갖춥니다. 생명이 잉태되어 성장하는 과정을 보면 창조주 하나님의 오묘한 섭리를 느낄 수 있습니다.

1개월이 되면 태아의 신경관이 발달하기 시작하여 혈액, 뼈, 근육, 혈관, 내부 기관이 형성되기 위한 기초 작업이 이루어집니다. 2개월이 되면 심장이 펌프 운동을 하며, 어느 정도 신체 외양을 갖춰 육안으로도 머리와 팔다리의 형체를 확인할 수 있습니다. 3개월째에는 얼굴 모양이 만들어지며 머리와 몸, 팔다리를 스스로 움직이고, 성기가 형성되어 남녀 구별이 가능합니다.

4개월이 되면 태반이 완성되어 영양 공급이 활발해지므로 신장과 체중이 급속히 늘어나며 신체와 생명 유지에 필요한 기관들도 정상적으로 작동합니다. 5개월째부터는 근육이 발달하며 주변 환경을 확인하는 등 청각 기능이 향상됩니다. 그리고 6개월이 되면 소화 기관이 발달하면서 성장이 빨라지고, 7개월째에는 머리에 털이 나며 폐가 발달하여 호흡 연습이 시작됩니다.

8개월쯤이면 성기가 완성되고 청각 기능도 거의 완성되어 외부의

소리에 반응하기도 합니다. 9개월째에는 머리털이 선명해지고 전신의 솜털이 퇴화하며 몸의 주름도 없어지고 사지가 포동포동해집니다. 그래서 10개월이 차면 평균 50cm의 신장에 3.2kg 정도의 아기가 태어납니다.

태아는 하나님께 속한 생명체

요즘은 과학이 발달하여 생명 복제에 대한 관심이 많습니다. 그러나 아무리 과학이 발달해도 사람을 복제할 수는 없습니다. 설령 사람의 형상은 복제할 수 있어도 그것에는 영이 없기 때문에 사람이라 할 수 없으며 짐승과 다를 바 없는 존재입니다.

사람의 생성 과정에는 다른 피조물과 달리 영이 주어지는 시기가 있습니다. 태아가 6개월이 되면 이미 각종 기관은 물론, 얼굴과 팔다리 등 신체의 대부분이 형성되어 영을 담을 수 있는 그릇으로서 준비를 마칩니다. 바로 이때 하나님이 영과 함께 생명의 씨를 주십니다. 성경에는 이러한 사실을 알 수 있는 내용이 기록되어 있습니다. 6개월 된 태아가 복중에서 영적으로 반응하는 장면이지요.

"엘리사벳이 마리아의 문안함을 들으매 아이가 복중에서 뛰노는지라 엘리사벳이 성령의 충만함을 입어 큰 소리로 불러 가로되 여자 중에 네가 복이 있으며 네 태중의 아이도 복이 있도다 내 주의 모친이 내게 나아오니 이 어찌 된 일인고 보라 네 문안하는 소리가 내 귀에 들릴 때에 아이가 내 복중에서 기쁨으로 뛰놀았도다"(눅 1:41~44)

이는 예수님을 잉태한 동정녀 마리아가 6개월 앞서 세례 요한을 잉태한 엘리사벳을 문안했을 때의 일입니다. 태중의 세례 요한이 동정녀 마리아가 오자 기뻐 뛰놀았습니다. 태중의 예수님을 알아보고 성령 충만을 입은 것입니다. 태아는 생명체일 뿐 아니라 6개월이 지나면 성령의 감동 감화 충만을 입을 수 있는 영적 존재임을 알 수 있습니다. 사람은 잉태되는 순간부터 하나님께 속한 생명체이며, 생명에 관한 주권은 창조주 하나님께 있습니다. 따라서 태아에게 아직 영이 주어지지 않았다 해도 임의로 낙태해서는 안 됩니다.

태아가 복중에서 성장하는 10개월은 매우 중요한 시기입니다. 성장에 필요한 모든 것을 어머니로부터 공급받기 때문에 적절한 영양 섭취가 필요합니다. 또한 잉태하고 있는 동안 어머니가 어떤 감정을 갖고 어떤 생각을 하는지가 성품과 지능, 인격 형성에 큰 영향을 주므로 태교가 중요합니다. 영적으로도 마찬가지입니다. 주 안에서 열심히 하나님의 나라를 위해 봉사하며 기도생활을 하는 성도의 아기를 보면 대체로 성격이 유순하며 지혜롭고 건강하게 성장합니다.

생명의 주권은 하나님께 있지만 모든 사람의 잉태와 탄생, 그리고 성장 과정을 하나님이 일일이 간섭하시지는 않습니다. 정자와 난자 안에 담긴 부모의 기를 통해 선천적 요소가 결정되고, 태이난 후 다양한 환경의 후천적 요소가 결합하여 형성되는 것입니다.

하나님께서 특별히 간섭하시는 경우

간혹 하나님께서 특별히 잉태와 탄생에 간섭하시는 경우가 있습니다. 먼저, 부모가 하나님을 기쁘시게 하는 믿음으로 간절히 사모하고 기도하는 경우입니다. 구약 사사시대에 '한나'라는 여인은 잉태하지 못하여 번민하고 슬퍼하다가 하나님 앞에 나아와 간절히 기도했습니다. 그리고 "아들을 주시면 그 아들을 하나님께 드리겠나이다"라고 서원하였지요.

그녀의 기도를 들으시고 하나님께서는 아들을 잉태하도록 역사하셨습니다. 한나는 서원한 대로 아들 사무엘이 젖을 떼었을 때 제사장에게 데리고 가서 하나님의 종으로 드렸습니다. 어릴 때부터 하나님과 교통하였던 사무엘은 훗날 이스라엘의 큰 선지자가 되었습니다. 하나님께서는 서원을 지킨 한나에게 이후에 세 아들과 두 딸을 더 낳을 수 있도록 축복하셨습니다(삼상 2:21).

다음으로, 하나님의 섭리 가운데 특정한 인물을 택정하여 쓰고자 간섭하시는 경우가 있습니다. 이를 이해하려면 '택함'과 '택정함'의 차이를 알아야 합니다. 택함이란 하나님께서 어떠한 기준을 만들어 놓고 그 안에 들어온 사람은 누구나 택하시는 것을 말합니다. 일례로, 하나님이 구원의 테두리를 정하고 그 안에 들어온 사람은 누구나 구원받게 하십니다. 따라서 믿음으로 예수 그리스도를 영접하고 하나님 말씀대로 살아 구원받은 사람을 택함받았다고 합니다.

어떤 사람은 하나님이 처음부터 구원받을 사람과 그렇지 못할 사람을 택해 놓았다고 오해합니다. 일단 주님을 영접하고 구원받은 사람은 말씀대로 살지 않아도 어찌하든 구원받도록 강권적으로 역사하신다는 것입니다. 그러나 이는 잘못된 생각입니다.

자유 의지 가운데 믿음을 갖고 구원의 테두리 안에 들어오는 사람은 누구나 하나님의 택함을 받아 구원에 이릅니다. 하지만 구원의 테두리 안에 스스로 들어오지 않거나, 또 들어왔다 해도 다시 세상을 짝하여 죄를 지으며 돌이키지 않으면 구원받지 못하는 것입니다.

그러면 택정함이란 무엇일까요? 만세 전부터 모든 것을 예지하고 예정하신 하나님께서 인간 경작의 섭리를 이루기 위해 특정한 사람을 택해 그 삶을 전폭적으로 주관하시는 것을 의미합니다. 예를 들어, 믿음의 조상 아브라함, 이스라엘의 머리 야곱, 출애굽 지도자 모세 등은 하나님의 섭리 속에 큰 사명을 감당하기 위해 택정함을 입은 사람들이지요.

모든 것을 아시는 하나님은 경작의 섭리 가운데, 어느 시점에 이르면 어떤 중심과 마음을 가진 사람이 태어날 것을 아십니다. 그래서 하나님이 원하시는 일을 이루기 위해 사람을 선택하여 큰 사명을 감당하게 하시지요. 이렇게 택정함을 입은 사람은 잉태되고 태어나는 과정은 물론 삶의 매 순간을 하나님께서 친히 간섭하십니다. 하나님의 주관 아래 연단하여 결국은 그 사명을 감당하게 하시는 것입니다.

로마서 1장 1절에 "예수 그리스도의 종 바울은 사도로 부르심을 받아 하나님의 복음을 위하여 택정함을 입었으니" 한 대로 사도 바울은 신약 시대의 복음 전파를 위해 택정함을 입은 사람입니다. 그는 이방인의 사도로서 사람으로서는 감당하기 어려운 엄청난 고난을 겪으며 주의 복음을 전파하기 위해 택정함을 받았습니다. 강하고 담대하며 변함없는 마음이었기 때문입니다. 신약 성경 서신서의 대부분을 기록하는 사명도 있었지요. 하나님은 그를 어린 시절부터 말씀을 철저히 배우고 당대 최고의 학자인 가말리엘 문하에서 지식을 쌓아 이러한 사명을 감당할 수 있는 그릇이 되게 하셨습니다.

세례 요한도 하나님의 택정함 속에 있었습니다. 잉태될 때에도 하나님이 간섭하셨고 어릴 때부터 남다른 삶을 살도록 섭리하셨습니다. 광야에서 홀로 살면서 세상과 접하지 않고, 약대 털옷을 입고 허리에 가죽 띠를 띠고 메뚜기와 석청을 먹으면서 예수님의 길을 예비하게 하신 것입니다.

모세 역시 마찬가지입니다. 하나님은 모세가 태어날 때부터 주관하셨습니다. 아기 때에 하수에 던져졌지만 애굽 공주에게 발견되어 왕자가 되게 하셨지요. 성장할 때에는 친어머니 밑에서 하나님과 이스라엘 민족에 대해 배우게 했고 애굽의 학문과 세상 지식도 두루 섭렵하도록 하셨습니다. 그리고 하나님의 뜻 가운데 40년간 연단하여 이스라엘 백성을 가나안 땅으로 인도하는 지도자의 사명을 맡기셨습니다. 이처럼 택정함이란 하나님이 인간을 경작하면서 언제, 어떤 마음 중심을 가진 사람이 태어날 것을 미리 알고 강권적으로 하나님의 뜻을 이루어 나가도록 섭리하시는 것을 의미합니다.

3. 양심

사람이 창조주 하나님을 찾고 만나며, 하나님의 형상을 회복하여
가치 있는 존재가 되기까지에는 어떤 양심을 소유했느냐가 크게 영향을 미칩니다.

사람의 정자와 난자 속에는 부모의 기(氣)가 들어있어 자녀가 그 기를 물려받습니다. 양심도 마찬가지입니다. 양심은 선악을 판단하는 기준으로서, 부모가 선하게 살았고 마음밭이 좋으면 양심이 선한 자녀가 태어날 확률이 높습니다. 부모로부터 어떤 기를 받고 태어났는지가 양심의 가장 기본적인 조건이 됩니다.

좋은 부모의 기를 받고 태어났다 해도 열악한 환경 속에 성장하면서 악한 것을 많이 보고 듣고 입력하면 그만큼 양심이 더럽혀지기 쉽습니다. 반면에 좋은 환경에서 선한 것을 보고 듣고 자란 사람은 비교적 선한 양심을 갖습니다. 그런가 하면 한 부모 밑에서 태어나 같은 환경에서 자랐다 해도 각자가 얼마나 선을 추구하며 노력해 왔는가에 따라 완전히 다른 경우도 있습니다.

양심의 형성 과정

이렇게 어떤 부모에게서 태어나 어떤 환경에서 무엇을 보고 듣고 배웠으며, 스스로 어떻게 노력해 왔는가 등의 조건이 복합되어 양심이 만들어집니다. 그래서 선한 부모의 기를 받고 태어나 좋은 환경에서 자신을 잘 다스려 온 사람은 양심을 좇아 선을 추구하기 때

문에 쉽게 복음을 받아들이고 진리로 변화될 수 있습니다.

일반적으로 양심이란 선한 마음이라고 생각하지만 하나님께서 보실 때에는 그렇지 않습니다. 양심이 선하여 진리대로 살아가려는 마음이 강한 사람이 있는가 하면, 어떤 사람은 양심이 악하여 진리를 추구하기보다는 자기 유익을 좇아 살아갑니다.

비록 작은 것이라도 남의 것을 몰래 가지면 양심의 가책을 받는 사람이 있는가 하면, '그 정도는 도둑질이 아니다, 악한 일이 아니다.'라고 대수롭지 않게 생각하는 사람도 있습니다. 어떤 환경 속에서 어떻게 가르침을 받았느냐에 따라 저마다 생각하는 선악의 판단 기준이 다르기 때문입니다.

사람들은 각자의 양심에 따라 "이것이 옳다, 저것은 틀리다." 하면서 선악 간에 옳고 그름을 판단하며 살아갑니다. 하지만 양심은 사람마다 다르고 시대와 나라, 그리고 문화와 지역에 따라 많은 차이가 있기 때문에 선악을 분별하는 절대적인 기준이 될 수 없습니다. 절대적인 기준은 진리 자체이신 하나님 말씀에서 찾아야 합니다.

사람의 마음과 양심의 차이

로마서 7장 21~24절을 보면 "그러므로 내가 한 법을 깨달았노니 곧 선을 행하기 원하는 나에게 악이 함께 있는 것이로다 내 속사람으로는 하나님의 법을 즐거워하되 내 지체 속에서 한 다른 법이 내 마음의 법과 싸워 내 지체 속에 있는 죄의 법 아래로 나를 사로잡아 오는 것을 보는도다 오호라 나는 곤고한 사람이로다 이 사망의 몸에서 누가 나를 건져내랴” 했습니다.

이 말씀을 통해 우리는 사람의 마음이 어떻게 구성되어 있는지 알 수 있습니다. 여기서 ‘속사람’은 성령의 주관대로 행하려고 하는 진리의 마음, 즉 하얀 마음입니다. 이 속사람 안에는 생명의 씨가 있지요. 또 내 지체 속에 있는 ‘죄의 법’이란 비진리로 이루어진 검은 마음입니다. 그리고 ‘마음의 법’이 나오는데 이는 양심을 말합니다. 양심은 스스로 만들어낸 가치 판단 기준으로서 하얀 마음과 검은 마음이 섞여 있습니다. 우리가 양심을 알기 위해서는 먼저 마음을 알아야 합니다.

사전을 보면 마음이란 ‘사람이 인식하고 느끼고 뜻을 세우는 활동 혹은 옳고 그름이나 선악을 판단하고 행동을 결정하는 정신활동’이라고 정의합니다. 그러나 영적 의미는 이와 다릅니다.

첫 사람 아담을 창조할 당시, 하나님은 영과 함께 생명의 씨를 심어 주셨습니다. 그리고 빈 그릇과 같은 아담의 영 안에 사랑, 선, 진실 등의 영의 지식을 담아 주셨지요. 영의 지식만 가르침 받았기에 아담의 마음은 ‘생명의 씨가 있는 영 자체와 그 안에 들어있는 영의 지식’으로 이루어진 상태였습니다. 진리만 채워져 있으니 영과 마음을 구분할 필요가 없었고, 비진리가 없으니 양심이라는 단어도 필요치 않았지요.

그런데 아담이 범죄한 뒤 마음과 영이 더 이상 같은 의미가 될 수 없었습니다. 하나님과 교통이 끊어지자 마음에 채워져 있던 진리,

곧 영의 지식이 빠져나가고 대신 미움, 시기, 교만 등 비진리가 들어와 생명의 씨를 감싸기 시작한 것입니다. 아담에게 비진리가 들어오기 전에는 마음이라는 단어가 필요 없이 단지 영이라고만 하면 되었습니다. 그러나 죄로 인해 비진리가 들어오고 영이 죽게 되니 마음이라 부르게 된 것입니다.

이처럼 아담이 범죄한 후 사람의 마음은 '진리 대신 비진리가 생명의 씨를 감싼 상태' 곧 '영 대신 혼이 생명의 씨를 감싼 상태'가 되었습니다. 진리의 마음은 쉽게 표현하면 하얀 마음이며, 비진리의 마음은 검은 마음이라 할 수 있습니다. 그리하여 죄를 지은 아담의 후손들의 마음은 영원히 변함없는 진리의 마음과 죄로 인해 들어온 비진리의 마음, 그 안에서 스스로 만들어낸 양심으로 구성되어 있습니다.

양심의 바탕이 되는 본성

각 사람이 갖고 있는 마음의 근본된 성질을 본성이라고 합니다. 본성은 타고난 것으로 완성되는 것이 아니라 성장하면서 어떤 환경에서 어떤 것을 받아들이는가에 따라 변합니다. 흙에 어떤 성분을 가미하느냐에 따라 토질이 변하듯이, 사람이 무엇을 보고 듣고 느끼느냐에 따라 본성이 달라지는 것입니다.

이 땅에 태어난 아담의 후손은 부모의 기를 통해 진리와 비진리가 섞인 본성을 물려받습니다. 선한 기를 받아 태어났다고 해도 나쁜 환경 속에서 악한 성질이 들어오면 점점 악한 마음으로 변합니

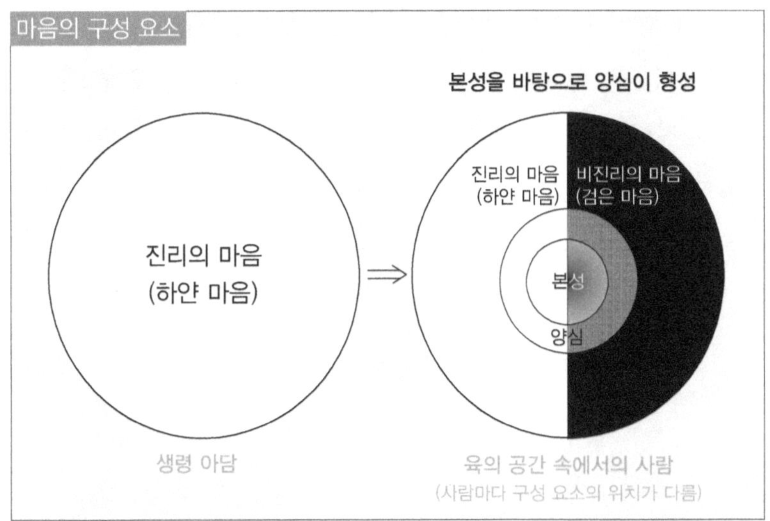

다. 반대로 좋은 환경에서 바른 가르침을 받고 성장하면 악이 비교적 적게 심어집니다. 이처럼 본성은 선천적으로 물려받은 바탕 위에 후천적으로 입력되는 비진리가 더해져서 사람마다 독자적으로 생겨납니다.

우리가 사람의 본성을 알면 양심을 이해하기 쉽습니다. 양심은 '본성을 바탕으로 하여 만들어진, 선악을 판단하는 기준이 되는 마음'이기 때문입니다. 내 안에 있는 본성에다가 새롭게 받아들인 진리와 비진리를 혼합하여 새로운 가치 판단의 기준을 만들어 낸 것이 양심이지요. 그래서 양심에는 진리인 하얀 마음 외에도 본성에 있는 악과 하나님 보시기에는 옳지 않은데 스스로 옳다 생각하는 '자기 의' 등 검은 마음이 혼합되어 있습니다.

　그런데 날이 갈수록 세상은 죄악으로 물들고 사람의 양심은 더욱 악해지고 있습니다. 부모로부터 본성에 있는 악을 물려받을 뿐 아니라 살아가면서 새로운 비진리를 받아들이고 대대로 이 과정이 계속되기 때문입니다. 양심이 악하고 무디어지면 복음을 들어도 받아들이기 어렵고 사단의 역사를 받아 죄를 짓기 쉽습니다.

4. 육체의 일

사람이 죄를 지으면 영계의 법칙에 따라 반드시 보응이 따릅니다.
하나님께서는 오래 참고 기다리며 어찌하든 회개하고 돌이킬 수 있도록 기회를 주시지만,
어느 한계선을 넘으면 시험 환난이나 갖가지 재앙이 따르게 됩니다.

사람은 누구나 죄성을 가지고 태어납니다. 첫 사람 아담의 죄성이 부모의 기를 통해 후손에게 전달되기 때문입니다. 엄마가 다른 아기를 안고 젖을 먹이는 것을 본 아기는 엄마 품에 있는 아기를 밀쳐 내려고 애쓰다가 뜻대로 되지 않으면 "앙!" 하고 울어 버립니다. 배고프다고 우는 아이에게 곧바로 젖을 물리지 않으면 숨이 넘어갈 만큼 자지러지게 웁니다. 나중에는 젖을 물려도 먹지 않겠다고 고집을 부리기도 하지요. 갓난아이에게 혈기, 미움, 질투를 가르쳐 준 일이 없는데도 이런 행동이 나오는 것입니다. 바로 사람의 마음에 죄성이 있기 때문인데 이를 '원죄'라고 합니다.

또한 사람은 성장하는 과정에도 죄를 짓습니다. 자석이 철을 끌어당기듯 육의 공간에서 살아가는 사람들은 진리가 아닌 것을 계속해서 받아들이며 죄를 짓습니다. 이렇게 살아가면서 스스로 짓는 모든 죄가 '자범죄'입니다. 자범죄에는 행함으로 짓는 죄와 마음으로 짓는 죄가 있습니다. 죄는 각기 경중이 다른데, 행함으로 짓는 죄에 대해서는 반드시 심판을 받습니다(고후 5:10). 여기서 행함으로 짓는 죄를 '육체의 일'이라고 합니다.

창세기 6장 3절을 보면 "여호와께서 가라사대 나의 신이 영원히 사람과 함께하지 아니하리니 이는 그들이 육체가 됨이라" 하셨습니다. 여기서 육체는 단순히 사람의 몸을 가리키는 문자적인 의미가 아닙니다. 사람이 죄악에 물들어 육의 존재가 되었다는 뜻이 담겨 있습니다. 이러한 육체의 사람은 하나님께서 영원히 함께하지 않으시므로 구원받지 못합니다. 에덴동산에서 쫓겨난 아담이 육의 공간인 지구에 살면서 불과 몇 세대 지나지 않았지만 그의 후손들은 급속히 육체의 일을 행하는 사람이 되었습니다.

하나님은 당대의 의인 노아에게 구원의 방주를 예비하게 하시고 사람들의 죄악을 경고하며 돌이키도록 기회를 주셨습니다. 그러나 노아의 가족을 제외하고는 아무도 방주에 들어가려고 하지 않았지요. 결국 '죄의 삯은 사망'(롬 6:23)이라는 영계의 법칙에 따라 노아 시대의 사람들은 홍수로 멸절되고 말았습니다.

그러면 '육체'의 영적인 의미는 무엇일까요? '마음 안에 있는 비진리의 속성이 구체적인 행함으로 드러난 것'을 총칭합니다. 다시 말하면 시기와 분, 미움과 욕심, 간음과 교만 등 인간에게 잠재된 온갖 비진리가 구타나 욕설, 음행과 살인 등의 구체적인 행위로 나타난 것을 총칭하여 '육체'라고 하며, 이러한 죄를 하나하나 분리해 놓은 것을 '육체의 일'이라고 합니다.

반면에 아직 행함으로 나타내지는 않았지만 생각과 마음으로 짓는 죄는 '육신의 일'이라 합니다. 육신의 일은 마음에서 버리지 않는 한 언젠가는 육체의 일로 나타날 수 있습니다. 육신의 일에 대해서는 2부 '혼의 생성'에서 구체적으로 살펴보겠습니다.

육신의 일을 육체의 일로 나타냈다면 이것이 불의요 불법이 됩니다. 단지 마음에 죄성을 갖고만 있을 때에는 불의하다 하지 않지만 행함으로 옮겼다면 불의한 것입니다. 이러한 육신의 일과 육체의 일을 버리지 않고 계속 행해 나간다면 하나님과 죄의 담을 쌓게 되며 사단이 송사하여 시험 환난을 가져다줍니다. 하나님이 지켜 주실 수 없기에 각종 사고를 당할 수도 있습니다. 하나님으로부터 지킴 받지 못하면 내일 일을 알 수 없지요. 이러한 것 때문에 기도해도 응답받지 못하는 것입니다.

현저한 육체의 일들

세상에 죄악이 가득 차면서 두드러지게 나타나는 육체의 일이 바로 음행과 호색입니다. 유황과 불에 의해 멸망한 소돔과 고모라나 화산재로 뒤덮인 로마제국의 폼페이 유적을 살펴보면 당시 사회가 얼마나 음란하고 퇴폐적이었는지 알 수 있습니다.

"육체의 일은 현저하니 곧 음행과 더러운 것과 호색과 우상 숭배와 술수와 원수를 맺는 것과 분쟁과 시기와 분냄과 당 짓는 것과 분리함과 이단과 투기와 술취함과 방탕함과 또 그와 같은 것들이라 전에 너희에게 경계한 것같이 경계하노니 이런 일을 하는 자들은 하나님의 나라를 유업으로 받지 못할 것이요" (갈 5:19~21)

오늘날에도 하나님께서 싫어하시는 육체의 일이 곳곳에 만연합니다. 이러한 육체의 일 가운데 몇 가지 예를 살펴보겠습니다.

첫째로, 음행(淫行)이 있는데 이는 육적 음행과 영적 음행으로 구분됩니다. 육적 음행이란, 결혼하지 않은 남녀가 서로 육체적인 관계를 갖거나 배우자가 있으면서도 부정을 행하는 경우를 말합니다. 아무리 서로 사랑하며 결혼을 약속했다 해도 예외는 아닙니다. 오늘날에는 소설이나 영화, 드라마 등에서 음행을 마치 아름다운 사랑인 것처럼 미화하여 사람들의 분별력을 흐리고 죄에 대해 무감각하게 만듭니다. 또한 온갖 음란물을 통해 음행을 부추기고 있지요.

그런데 사람들이 음행이라고 생각지 못하면서 죄를 짓는 경우가 있습니다. 바로 하나님을 믿는다 하면서도 점(占)을 본다거나 부적을 지니는 등 사술을 취하는 것인데 이것도 음행입니다(고전 10:21). 크리스천이라 말하면서도 생사화복을 주관하시는 하나님을 의지하지 않고 이처럼 우상과 귀신을 의지하는 것이 바로 영적 음행으로서 이는 하나님을 배신하는 행위와 같습니다.

둘째로, 호색(好色)이란 색욕을 좇아서 각종 옳지 못한 행동을 하는 것, 삶의 전반에 걸쳐 생각과 말과 행동이 음란에 젖은 채 생활하는 것을 의미합니다. 일반적인 수준을 벗어난 음행으로서 짐승과 교접하는 것이나 집단적으로 색욕을 좇아가는 것, 동성애(레 18:22, 20:13) 등 여러 가지 경우입니다. 죄악이 관영하는 만큼 호색적인 것에 대한 사람들의 죄의식도 점점 무디어집니다.

이러한 행위는 하나님을 거역하고 대적하는 일로서(롬 1:26~27) 구원받을 수 없는 죄이며(고전 6:9~10), 하나님께서 가증하게 여기십니다(신 23:18). 또한 성 전환 수술을 한다거나 남자가 여장을, 여자가 남장을 하는 것도 하나님 앞에 합당치 않습니다(신 22:5).

셋째로, 우상 숭배 역시 하나님께서 매우 싫어하시는 죄로서, 육적인 우상 숭배와 영적인 우상 숭배가 있습니다.

먼저 육적인 우상 숭배는 피조물인 사람이 창조주 하나님을 찾지 않고 목석이나 금속으로 만든 형상 앞에 경배하며 섬기는 것을 말합니다(출 20:4~5). 우상 숭배를 하면 자손 삼사 대까지 보응이 따릅니다. 그래서 대대로 우상을 심하게 섬긴 가정을 보면 늘 원수 마귀 사단이 시험 환난을 가져다주므로 우환과 병고가 끊이지 않습니다. 특히 귀신이 들리고 정신 이상, 알콜 중독 등 영적으로 훼방받는 경우가 많습니다. 이러한 집안에서 태어난 사람은 주님을 영접하고 하나님을 믿으려 해도 원수 마귀 사단이 훼방하므로 신앙생활 하는 데 어려움을 겪습니다.

영적인 우상 숭배는 하나님을 믿는 사람이 하나님보다 다른 무언가를 더 사랑하는 경우를 말합니다. 영화나 드라마, 운동 경기, 취미 생활에 빠져 주일을 어긴다거나, 이성을 사귀면서 신앙생활을 등한히 한다면 영적인 우상 숭배에 해당됩니다. 이 외에도 가족이나 자녀, 오락, 사치, 명예, 권세, 탐심, 지식 등 어떤 것이든 하나님보다 더 사랑하는 것이 바로 우상입니다.

넷째로, 술수의 사전적인 뜻은 술법 또는 술책을 의미합니다.

술법은 무속 신앙이나 점을 치는 복술을 말합니다. 하나님을 믿으며 점을 보러 가는 행위는 합당치 않지요. 하나님을 믿지 않는 사람이라 해도 술법을 행하면 악한 영을 불러들임으로써 더 큰 재앙을 초래합니다.

예를 들어, 굿을 하는 가정은 재앙이 사라지는 것이 아니라 더 자주 굿을 해야 할 일이 생깁니다. 굿을 한 뒤 악한 영들이 한동안 잠잠한 듯 하지만 섬김받기 위해 더 심한 재앙을 가져다주기 때문입니다. 때로 미래를 예언하기도 하는데 악한 영이 앞일을 아는 것은 아닙니다. 다만 그들도 영물이므로 육의 사람의 마음을 어느 정도 읽습니다. 이를 통해 미래를 아는 것처럼 미혹하여 경배와 섬김을 받는 것입니다. 술책은 남을 속이기 위한 꾀를 말합니다. 곧 교묘한 거짓으로 속여 상대를 꾐에 빠지게 하는 것입니다. 술법뿐 아니라 이러한 술책도 경계해야 합니다. 만일 악한 계교를 써서 다른 사람을 함정에 빠뜨린다면 이는 현저한 육체의 일이며, 멸망을 자초하는 일입니다(잠 26:27).

다섯째로, 원수 맺는 것은 상대에게 원한을 품고 파멸되기를 바라며 그렇게 만들어 가는 것을 의미합니다. 원수 맺는 사람은 상대가 자기 마음에 맞지 않으니 악한 감정 속에 그를 멀리하거나 미워

합니다. 그 정도가 지나치면 감정이 폭발하여 상대를 비방하며 중상 모략하는 일이 생겨나지요.

여섯째로, 당 짓는 것은 자기 생각이나 뜻에 맞지 않는다 해서 하나 되지 않고 다른 그룹을 만드는 것입니다. 자신의 유익을 좇아 상대를 비난하고 수군거리며 판단 정죄하는 것을 말합니다. 그래서 가정이나 이웃, 교회 안에 '누구 파'가 생겨납니다. 이렇게 당을 지으면 자연히 서로 분리하게 됩니다.

일곱째로, 분리함이란 당을 만들어 자기 생각을 좇아 분리해 나가는 것입니다. 가족 사이에서도 서로 나뉘어 나가거나, 교회 안에서도 당파를 지어 나가는 경우가 있습니다. 다윗의 아들 압살롬은 자기 유익을 좇아 아버지를 배반하고 분리해 나갔으며, 왕이 되고자 반란을 일으켰습니다. 하나님께서는 그런 사람을 버리시므로 압살롬은 결국 비참한 최후를 맞이하였습니다.

여덟째로, 이단이란 베드로후서 2장 1절에 "지희는 멸망케 할 이단을 가만히 끌어들여 자기들을 사신 주를 부인하고 임박한 멸망을 스스로 취하는 자들이라" 말씀하신 대로 예수 그리스도를 부인하는 것입니다(요일 2:22~23, 4:2~3). 즉 믿는다 하면서 삼위일체 하나님을 부인하거나 보혈로 우리를 사신 예수 그리스도를 부인하고 임박한 멸망을 스스로 취하는 자들이 이단입니다. 성경은 이단에 대해 이렇게 분명하게 정의하고 있으므로 성부 성자 성령 삼위일체 하나님을 받아들이고 예수 그리스도를 부인하지 않으면 이단이라고 정죄할 수 없습니다.

아홉째로, 투기는 시기, 질투가 지나쳐 행함으로 나타낸 것을 말합니다. 시기는 남이 자신보다 낫다고 생각될 때 불편함을 느끼고 상대를 멀리하며 미워하는 것입니다. 이러한 시기가 발전하여 상대를 해롭게 하는 여러 행함이 나옵니다. 사울 왕은 신하인 다윗이 백성의 사랑을 더 많이 받으니 시기하다 못해 다윗을 잡아 죽이기 위해 군대를 동원하여 쫓아다녔으며, 다윗을 숨겨 준 제사장과 그 성읍 사람들까지 몰살하였습니다.

열째로, 술 취함이 있습니다. 노아는 홍수 심판 후 포도주를 마시고 취하여 실수를 했는데, 그것이 엄청난 결과를 초래합니다. 자신의 허물을 전한 둘째 아들 함을 저주하고 만 것입니다.

에베소서 5장 18절을 보면 "술 취하지 말라 이는 방탕한 것이니 오직 성령의 충만을 받으라" 하셨습니다. 술 취함은 죄가 된다는 것입니다. 혹자는 한 잔 정도는 괜찮지 않느냐고 할 수 있지만 한 잔을 마셔도 취하기 위해 마신 것이기에 죄가 됩니다. 더구나 술을 마신 후 사람들은 술 기운을 빌려 여러 죄를 짓는 것도 볼 수 있습니다.

성경에 포도주를 마신 기록이 나오는 이유는 이스라엘은 물이 귀하고 열매가 많기에 물 대신 순수한 열매즙인 포도주나 포도보다 당분이 진한 열매로 만든 독주를 음료수로 허락하셨기 때문입니다 (신 14:26). 그러나 원래 하나님께서 믿는 사람에게 술을 허락하신 것이 아닙니다(레 10:9 ; 민 6:3 ; 잠 23:31 ; 렘 35:6 ; 단 1:8 ; 눅 1:15 ; 롬 14:21). 특별한 경우에 한하여 포도주나 독주를 사용하도록 허락하신 것뿐입니다. 이러한 열매즙도 많이 마시면 취하기 때문에 이스라엘 백성은 물 대신 마셨을 뿐 즐기고 취하기 위해 마시지는 않았습니다.

마지막으로, 방탕함이란 술, 여자, 도박 등 정욕적인 것을 즐기고 취할 뿐 아니라 절제하지 못하는 경우를 말합니다. 이러한 사람은 자신의 책임과 도리를 다하지 못하는 경우가 많습니다. 자기를 지키지 못하는 것도 방탕한 것이며 색을 밝혀 음란한 생활을 하거나 자기 마음대로 세상을 아무렇게나 살아가는 것도 방탕한 것입니다. 주님을 영접하고도 이러한 삶을 산다면 하나님 앞에 마음을 드릴 수도, 죄를 버릴 수도 없으니 하나님 나라를 유업으로 받지 못합니다.

천국을 유업으로 받을 수 없다는 의미

지금까지 뚜렷하게 행함으로 드러나는 육체의 일을 살펴보았습니다. 사람들이 이러한 육체의 일을 행하는 근본적인 이유는 무엇일까요? 창조주 하나님을 마음에 두기가 싫기 때문입니다.

"저희가 마음에 하나님 두기를 싫어하매 하나님께서 저희를 그

현저한 육체의 일을 행하면 하나님 나라를 유업으로 받을 수 없다는 것은 구원받지 못한다는 의미입니다. 물론 한두 번 죄를 지었다고 무조건 구원받지 못하고 사망에 이르는 것은 아닙니다.

아직 진리를 알지 못하는 초신자나 믿음이 연약한 사람이 육체의 일을 온전히 버리지 못했다 해서 구원받지 못하는 것은 아니지요. 누구든지 믿음이 온전해지기 전까지는 크고 작은 허물이 있을 수 있는데 주님의 보혈의 공로를 의지하여 회개하고 돌이키면 용서받을 수 있습니다. 하지만 계속 육체의 일을 행하면서도 돌이키려고 노력하지 않는다면 구원받을 수 없습니다.

사망에 이르는 죄란?

요한일서 5장 16~17절에 "누구든지 형제가 사망에 이르지 아니한 죄 범하는 것을 보거든 구하라 그러면 사망에 이르지 아니하는 범죄자들을 위하여 저에게 생명을 주시리라 사망에 이르는 죄가 있으니 이에 대하여 나는 구하라 하지 않노라 모든 불의가 죄로되 사망에 이르지 아니하는 죄도 있도다" 했습니다. 이처럼 사망에 이르지 않는 죄가 있는가 하면 사망에 이르는 죄도 있습니다.

그러면 하나님 나라를 유업으로 받을 수 없는 사망에 이르는 죄에는 어떤 것이 있을까요?

히브리서 10장 26~27절을 보면 "우리가 진리를 아는 지식을 받은 후 짐짓 죄를 범한즉 다시 속죄하는 제사가 없고 오직 무서운 마음으로 심판을 기다리는 것과 대적하는 자를 소멸할 맹렬한 불만 있으리라" 했습니다. 하나님 말씀에 비추어 죄인 줄 알면서 계속 행한다면 이는 하나님을 대적하는 것입니다. 이런 사람에게 하나님께서는 회개의 영을 주시지 않습니다.

히브리서 6장 4~6절에도 "한번 비췸을 얻고 하늘의 은사를 맛보고 성령에 참예한 바 되고 하나님의 선한 말씀과 내세의 능력을 맛보고 타락한 자들은 다시 새롭게 하여 회개케 할 수 없나니 이는 자기가 하나님의 아들을 다시 십자가에 못 박아 현저히 욕을 보임이라" 했습니다. 진리를 듣고 성령의 역사를 체험한 후에 하나님을 대적하는 행위를 한다면 이 역시 회개의 영이 오지 않으므로 구원받지 못합니다. 성령의 역사를 마귀의 역사다, 혹은 이단이라고 비난하며 정죄하는 것도 성령을 훼방하고 거역하며 모독하는 것이므로 용서받지 못하는 죄입니다(마 12:31~32).

이처럼 용서받을 수 없는 죄도 있음을 알아 결코 그러한 죄를 범치 않으며, 아무리 작은 죄라도 그것이 쌓이면 큰 죄로 발전할 수 있으니 매 순간 진리로 자신을 지켜 나가야 하겠습니다.

5. 경작

참 자녀를 얻기 위해 이 땅에 사람을 창조하시고 마지막 심판에 이르기까지
모든 인류 역사를 주관하는 과정을 '인간 경작'이라고 합니다.

경작이란 농부가 씨를 뿌리고 가꾸는 수고를 통해 열매를 얻는 과정을 말합니다. 하나님께서도 이 땅에 사람을 경작하는 수고를 통해 참 자녀라는 열매를 얻고자 아담과 하와라는 첫 번째 씨를 심으셨고, 지금도 수많은 사람을 경작하십니다. 하나님은 사람이 불순종하여 타락할 것과 이로 인해 근심하게 될 것을 이미 아셨습니다. 하지만 하나님을 사랑하여 악을 버리며 그분의 마음을 닮은 참 자녀가 나올 것을 알기에 끝까지 사랑으로 경작하는 것입니다.

사람은 흙으로 지음 받았기 때문에 흙의 속성과 닮은 것을 볼 수 있습니다. 밭에 씨를 뿌리면 싹이 나고 자라 열매를 맺듯이 흙은 새로운 생명을 생산해 낼 수 있는 성질이 있습니다. 또한 흙은 어떠한 성분을 가미하느냐에 따라 토질이 바뀝니다. 사람도 마찬가지여서 짜증이나 화를 잘 내는 경우 점점 혈기가 많은 토질로, 거짓말을 잘하는 사람은 거짓된 속성이 강한 토질로 바뀝니다. 아담이 죄를 지은 뒤 그와 그의 후손들은 육에 속한 사람이 되어 급속히 비진리로 물들어갔습니다.

그래서 마음밭을 개간하여 다시 영으로 회복해야 하는 경작 과정

이 필요하게 된 것입니다. 결국 사람이 이 땅에서 경작받는 목적은 마음밭을 개간하여 아담이 타락하기 이전의 깨끗한 마음으로 회복하기 위해서입니다. 이러한 인간 경작의 섭리를 깨우칠 수 있도록 하나님은 성경 곳곳에 경작에 관한 비유의 말씀을 기록해 놓으셨습니다(마 13장 ; 막 4장 ; 눅 8장).

마태복음 13장에서 예수님은 사람의 마음밭을 길가밭, 돌밭, 가시 떨기밭, 옥토로 나누어 말씀하셨습니다. 과연 나는 어느 밭에 속하는지, 혹은 어느 밭과 어느 밭이 섞인 경우인지 살펴보고 하나님께서 원하시는 옥토로 개간해야 하겠습니다.

네 가지 마음밭

첫째로, 길가밭은 사람들이 오랫동안 밟고 다녀서 단단하게 굳은 땅을 말합니다. 실상은 밭이라고도 할 수 없으며 씨를 뿌린다 해도 싹이 나지 않습니다. 생명의 역사가 일어나지 않는 것입니다.

영적으로 길가밭이란, 아무리 능력 있는 복음을 증거하며 믿으라 해도 받아들이지 않는 사람의 마음입니다. 자기 고집과 아집, 자존심 등으로 꽉 찬 단단한 밭이기에 말씀의 씨를 뿌려도 심기지 않습니다. 예수님 당시 유대인의 지도자들은 자기 생각과 틀을 고집함으로써 권능을 베푸는 예수님을 배척하고 복음을 받아들이지 않았습니다. 오늘날에도 길가밭과 같은 사람은 마음이 강퍅하므로 하나님의 권능을 보여 주어도 마음 문을 열지 않고 복음을 배척합니다.

길가밭은 단단하여 씨를 뿌려도 흙 속에 묻히지 않기 때문에 새가 와서 먹어버립니다. 여기서 새는 사단을 의미합니다. 하나님 말씀을 사단이 빼앗아가므로 믿음을 가질 수 없지요. 주변의 권면으로 마지못해 교회에는 나와도 말씀을 믿으려 하지 않고 오히려 말씀을 전하는 목회자를 자기 생각 속에서 판단 정죄합니다. 이렇게 강퍅하여 마음 문을 열지 않는 사람은 말씀이 떨어져도 결실치 못하니 결국 구원받지 못합니다.

둘째로, 돌밭은 길가밭보다는 나은 밭입니다. 길가밭은 하나님 말씀을 들어도 받으려는 마음 자체가 없기 때문에 깨닫지 못하지만, 돌밭은 들으면 깨닫기는 합니다. 시골에서 농사를 지어 본 분은 아실 것입니다. 돌밭에 씨를 뿌리면 듬성듬성 싹이 나지만 잘 자라지 못합니다. 마가복음 4장 5~6절에 "더러는 흙이 얇은 돌밭에 떨어지매 흙이 깊지 아니하므로 곧 싹이 나오나 해가 돋은 후에 타져서 뿌리가 없으므로 말랐고" 한 대로, 돌밭에 떨어진 씨앗은 싹이 나온다 해도 뿌리가 깊이 박히지 못하기에 금방 말라 버립니다.

돌밭 같은 마음을 가진 사람은 하나님 말씀을 깨닫지만 믿음으로 받지 못합니다. 그래서 마가복음 4장 17절에 "그 속에 뿌리가 없어 잠깐 견디다가 말씀을 인하여 환난이나 핍박이 일어나는 때에는 곧 넘어지는 자요" 했습니다. 여기서 '말씀'이란 "안식일을 지키라, 십일조를 하라, 우상을 섬기지 말라, 섬기라, 낮아지라" 등의 성경 말씀을 말합니다. 말씀을 들을 때에는 '꼭 그렇게 해야겠다'고

결심하지만, 어려움이 오면 믿음을 지키지 못하지요. 은혜를 받을 때에는 감격하고 기뻐하지만 어려운 일이 닥치면 낙심하고 금방 변해 버립니다. 말씀을 들어서 알기는 하지만 마음에 확실한 믿음으로 와 닿지 않으니 행할 능력이 없는 것입니다.

셋째로, 가시 떨기밭과 같은 마음을 소유한 사람은 하나님 말씀을 듣고 깨달아 행해 나가기는 합니다. 그러나 하나님의 뜻대로 온전히 행하지 못하므로 아름다운 열매를 맺지 못합니다. 마가복음 4장 19절에는 가시 떨기밭에 대하여 "세상의 염려와 재리의 유혹과 기타 욕심이 들어와 말씀을 막아 결실치 못하게 되는 자요" 하며 열매 맺지 못하는 이유를 설명합니다.

이런 마음밭을 가진 사람은 말씀대로 행하고 나름대로 신앙생활을 잘하는 것 같은데도 시험 환난이 따르고 영적으로 성장하지 못합니다. 세상 근심과 걱정, 재리의 유혹, 정욕에 넘어가 하나님의 역사를 체험할 수 없기 때문입니다. 예를 들어, 사업이 부도나서 많은 어려움을 당하고 감옥에 들어갈 수도 있는 상황입니다. 그때 사단이 생각을 통해 '조금만 편법을 쓰면 부채를 다 갚을 수 있는데…' 하면서 유혹하면 넘어가고 맙니다. 아무리 힘들어도 선과 정도를 좇아야 하나님이 도와주실 수 있는데 사단의 속삭임에 넘어가고 마는 것입니다.

하나님 말씀에 순종하려는 마음이 있어도 내 안에 인간적인 생각으로 가득 차 있기 때문에 믿음의 행함이 온전히 따르지 않습니다.

하나님께 맡긴다고 실컷 기도해 놓고는 자기 경험과 이론을 앞세워 나갑니다. 내가 앞장서서 내 계획과 뜻대로 나가니 잘되는 것 같다가도 일이 꼬이고 안 됩니다. 야고보서 1장 8절에는 이런 사람을 "두 마음을 품은 자"라 설명합니다. 가시 떨기가 막 싹이 났을 때에는 별로 큰 해가 없는 것처럼 보이지만 자란 후에는 상황이 전혀 달라집니다. 커다란 넝쿨을 이루어 다른 좋은 씨가 자라지 못하도록 막는 것입니다. 그러니 가시 떨기와 같이 하나님 말씀에 순종하지 못하게 하는 요소는 아무리 작은 것처럼 보여도 처음부터 뽑아 버려야 합니다.

넷째로, 옥토는 농부가 정성껏 기경하고 가꾼 기름진 땅입니다. 단단한 흙을 갈아엎고 돌멩이를 주워내며 가시 떨기를 뽑아낸 땅이지요. 바로 하나님께서 '하지 말라' 하신 것을 하지 않고 '버리라' 하신 것을 버린 마음밭입니다. 돌이나 가시 떨기 같은 장애물이 없기 때문에 하나님 말씀이 떨어지면 30배, 60배, 100배의 열매가 맺히며 이런 사람이 기도하면 척척 응답이 됩니다.

우리가 얼마나 옥토와 같은 마음을 이뤘는지 알려면, 하나님 말씀을 어떻게 행해 나가는지 살펴보면 됩니다. 옥토를 이룬 만큼 말씀대로 사는 것이 쉽습니다. 어떤 사람은 말씀을 알아도 육신의 피곤함, 게으름, 비진리의 생각, 욕심 등으로 행함이 따르지 못하는 것을 봅니다. 마음이 옥토인 사람은 이런 방해물이 없기 때문에 말씀을 들으면 그 즉시 깨닫고 행해 나갑니다. "이것이 하나님의 뜻이다.",

"이것이 하나님께서 기뻐하시는 것이다." 하면 그대로 행하지요.

마음밭이 개간된 만큼 미웠던 사람이 밉지 않습니다. 용서할 수 없던 사람이 용서가 됩니다. 시기하고 판단하던 마음이 사랑과 긍휼의 마음으로 바뀝니다. 교만한 마음이 겸손하고 섬기는 마음이 되지요. 이렇게 악은 모양이라도 버리고 마음에 할례하는 것이 바로 마음밭을 개간하여 옥토로 만드는 과정입니다. 옥토의 마음에 말씀의 씨앗이 떨어지면 싹이 나고 쑥쑥 자라 성령의 아홉 가지 열매, 빛의 열매 등 영의 열매가 주렁주렁 맺힙니다.

또한 옥토가 되면 위로부터 믿어지는 영적 믿음이 오며, 하나님의 능력을 끌어내리는 불같은 기도를 하므로 성령의 음성을 밝히 들어 하나님의 뜻대로 행할 수 있습니다. 이러한 사람이 바로 하나님께서 경작을 통해 얻고자 하시는 열매입니다.

마음밭과 관련된 그릇 됨됨이

마음을 개간하는 데 중요한 것이 그릇 됨됨이입니다. 그릇 됨됨이란 마음의 재질에 해당하는 것으로, 말씀을 듣는 심정과 마음에 새기는 것, 새긴 말씀을 얼마나 행해 나가는지를 나타냅니다. 성경은 이러한 그릇 됨됨이를 금그릇, 은그릇, 나무그릇, 질그릇 등으로 구분하여 기록했지요(딤후 2:20~21).

하나님 말씀을 똑같이 들었는데 사람마다 차이가 있는 것을 봅니다. '아멘'으로 받는 사람이 있는가 하면 자기 생각과 지식에 맞지 않으니 판단하고 그냥 흘려버리는 사람도 있습니다. 어떤 사람은 간절한 심정으로 말씀을 듣고 행하기 위해 노력하는 데 반해 은혜는 받았지만 곧 잊어버리는 사람도 있습니다.

이것이 바로 그릇 됨됨이의 차이입니다. 말씀을 들을 때 집중해서 듣는 경우와 잡념이나 졸음, 무의식 속에서 듣는 경우 각각 마음에 심기는 것이 다릅니다. 같은 말씀을 들어도 중심에 새기는 것과 건성으로 듣는 것은 현격한 차이가 납니다.

"베뢰아 사람은 데살로니가에 있는 사람보다 더 신사적이어서 간절한 마음으로 말씀을 받고 이것이 그러한가 하여 날마다 성경을 상고하므로"(행 17:11)

"그러므로 모든 들은 것을 우리가 더욱 간절히 삼갈지니 혹 흘러 떠내려갈까 염려하노라"(히 2:1)

하나님 말씀을 열심히 듣고 잘 새겨 그대로 행한다면 그만큼 그릇 됨됨이가 좋다 말할 수 있습니다. 그릇 됨됨이가 좋은 사람은 말씀에 순종을 잘하기 때문에 신속히 옥토가 될 수 있습니다. 또한 옥토의 마음이 되면 당연히 하나님 말씀을 마음 중심에 새기며 행해 나가므로 더 좋은 그릇으로 나오지요.

이처럼 좋은 그릇 됨됨이가 옥토를 만들고, 옥토가 좋은 그릇 됨됨이를 만드는 상호작용을 하는 것입니다. 누가복음 2장 19절에 "마리아는 이 모든 말을 마음에 지키어 생각하니라" 하신 말씀처럼 동정녀 마리아는 하나님 말씀을 소중히 여기고 깊이 명심하는 좋은 그릇이기 때문에 예수님을 성령으로 잉태하는 축복을 받았습니다.

고린도전서 3장 9절에 "너희는 하나님의 밭이요" 한 대로 우리는 하나님께서 경작하시는 밭입니다. 하나님의 말씀을 잘 듣고 새겨서 그대로 행해 나가면 옥토와 같이 깨끗한 마음, 금그릇같이 좋은 그릇이 되어 하나님 앞에 귀히 쓰임받을 수 있습니다.

그릇의 크기와 관련된 마음 됨됨이

그릇 됨됨이와 상대되는 개념으로 마음 됨됨이가 있는데 이는 얼마나 마음을 넓혀 사용하는가 하는 차원입니다. 그릇 됨됨이가 그릇의 재질과 관계가 있다면 마음 됨됨이는 그릇의 크기와 관련이 있으며 네 가지 유형으로 나눌 수 있습니다.

첫 번째는 자신이 해야 할 것 이상으로 해내는 경우입니다. 마음 됨됨이가 좋은 그릇이지요. 일례로 부모가 방 안에 떨어진 휴지를 주우라고 했다면 휴지를 주울 뿐 아니라 방 안 구석구석까지 청소하는 자녀가 있습니다. 이 경우는 부모의 기대 이상으로 행했기 때문에 흡족함과 기쁨을 줍니다. 스데반 집사나 빌립 집사는 평신도였지만 주의 종에 못지않은 마음 됨됨이로 성결하고 충성하며 하나님 앞에 온전한 신앙생활을 했습니다. 그래서 이들은 하나님의 기쁨이 되었고 집사임에도 불구하고 큰 권능과 기사와 표적을 행할 수 있었습니다.

두 번째는 자신이 해야 할 것만 하는 경우입니다. 이러한 사람은 주어진 책임과 의무는 확실하게 하지만, 주변을 돌아보거나 다른 사람을 도와주는 데까지는 마음을 쓰지 못합니다. 부모가 휴지를 주우라 하면 휴지만 줍는 경우입니다. 물론 순종한 것에 대해서는 칭찬을 받지만 그 이상으로 기쁨이 되지는 못합니다. 교회에서 어떤 사명을 맡았을 때에도 그것만 감당하는 사람이 있습니다. 주어진 일만 하고 다른 분야에는 마음을 쓰지 못하는 것입니다. 이러한 사람은 하나님 앞에 큰 기쁨을 드리지는 못합니다.

세 번째는 반드시 해야 하는 것만 억지로 합니다. 기쁨과 감사함으로 하는 것이 아니라 불평, 불만이 가득한 경우입니다. 이러한 사람은 매사에 부정적이며, 희생하고 섬기는 데 인색합니다. 사명을 맡았을 때에도 의무감 속에서 감당하기는 하지만 다른 사람을 힘들게 하고 부담을 줍니다. 하나님은 우리의 중심을 보십니다. 할 수 없이 억지로 하는 것이 아니라 하나님을 사랑하여 자원하는 마음으로 맡은 일을 감당하는 것을 기뻐하시지요.

네 번째는 악을 행하는 경우입니다. 이런 사람은 책임감이나 의무감도 없고 상대에 대한 배려도 없으며 자기 생각과 이론을 고집하여 주변을 힘들게 합니다. 만일 그가 영혼을 갈무리하는 주의 종이나 일꾼이라면 맡겨진 양 떼를 사랑으로 갈무리하지 못해 잃어버리거나 실족시키는 경우도 있습니다. 이런 사람은 항상 남의 탓을 하며 핑계만 대고 결국 사명까지 놓아버립니다. 그러니 오히려 일을 하지 않는 것이 낫습니다.

나는 어떤 마음 됨됨이를 지녔는지 점검해 보시기 바랍니다. 만일 내 마음 됨됨이가 부족하다면 이제부터라도 더 넓고 큰 마음으로 바꾸면 됩니다. 그러기 위해서는 기본적으로 마음을 성결하게 하여 좋은 그릇 됨됨이를 갖춰야 합니다. 그릇이 좋지 않은데 마음 됨됨이만 좋아질 수는 없습니다. 나아가 모든 분야에서 열정을 가지고 자신을 희생하고 헌신하는 마음을 이루는 것이 마음 됨됨이를 좋게 하는 길입니다.

마음 됨됨이가 좋은 사람은 하나님 앞에 큰 일을 감당하며 영광을 돌릴 수 있습니다. 요셉의 경우가 그러합니다. 요셉은 형들의 시기, 질투로 애굽으로 팔려가 시위대장 보디발의 종이 되었습니다. 그는 종으로 팔려왔다 해서 신세만 한탄하고 있지는 않았습니다. 얼마나 성실하게 집안일을 돌아보았는지 주인 보디발에게 인정받아 가정의 모든 업무를 맡게 됩니다. 그는 누명을 쓰고 감옥에 갇히기도 했지만 그곳에서도 성실히 행하여 결국 애굽의 총리가 됩니다. 그 후 기근으로 어려움에 처한 가족을 구하고 이스라엘 민족의 기틀을 형성하는 데 큰 공헌을 했지요.

만약 마음 됨됨이가 좋지 않았다면 적당히 주인이 시키는 일만 했을 것입니다. 그의 인생은 애굽 사람의 종으로 마감했거나 평생 감옥에서 살았을지도 모릅니다. 그러나 요셉은 자신이 처한 환경 속에서 매 순간 하나님 앞에 최선을 다하고자 노력하며 넓은 마음으로 행했기 때문에 하나님 앞에 크게 쓰일 수 있었습니다.

알곡인가? 쭉정이인가?

하나님은 아담의 범죄 이후 육의 공간에서 오랜 세월 동안 인간을 경작하고 계십니다. 때가 이르면 알곡과 쭉정이를 갈라 알곡은 천국으로, 쭉정이는 지옥으로 들어가도록 심판하실 것입니다. 그래서 마태복음 3장 12절에 "손에 키를 들고 자기의 타작마당을 정하게 하사 알곡은 모아 곳간에 들이고 쭉정이는 꺼지지 않는 불에 태우시리라" 말씀하신 것입니다.

여기서 알곡이란, 마음 중심에서 하나님을 사랑하여 말씀대로 행함으로써 진리 안에 살아가는 사람을 의미합니다. 반면에, 하나님 말씀 안에 살지 않고 진리에 위배되는 악을 좇아 사는 사람, 예수 그리스도를 영접하지 않고 오히려 육체의 일을 범하며 살아가는 사람은 쭉정이에 속합니다.

하나님께서는 모든 사람이 알곡이 되어 구원받기를 원하십니다(딤전 2:4). 마치 농부가 밭에 씨를 뿌리면서 모두 알곡으로 거둘 수 있기를 바라는 마음과 같지요. 그러나 추수 때가 되면 으레 쭉정이가 섞여 있듯이 인간 경작의 과정에서도 모두가 구원받을 수 있는 알곡이 되는 것은 아닙니다.

이러한 인간 경작의 섭리를 깨우치지 못하면 "사랑의 하나님께서 기왕이면 다 구원해 주시지, 왜 누구는 멸망의 길로, 누구는 구원의 길로 가게 하는 것입니까?" 하고 질문할 수 있습니다. 그러나 이는 하나님께서 임의로 정하시는 것이 아니며 각자의 자유 의지에 달려 있습니다. 육의 공간에서 경작받는 사람은 누구나 천국과 지옥의 갈림길에서 스스로 어느 한 쪽을 선택하게 되는 것입니다.

여기서 의인이란 믿는 사람을 말합니다. 믿는 사람 중에 알곡과 쭉정이를 가르신다는 것이지요. 예수님을 구세주로 믿고 교회에 다닌다 해도 하나님 뜻대로 행하지 않는 사람은 악인이요, 쭉정이로서 지옥 불에 던져질 수밖에 없습니다.

하나님께서는 성경을 통하여 창조주 하나님의 마음과 인간 경작의 섭리에 대해 알려 주며 인생의 참 목적을 깨우쳐 주십니다. 우리가 좋은 마음밭, 좋은 그릇 됨됨이와 마음 됨됨이를 만들어 하나님의 참 자녀요, 천국에 들일 알곡으로 나오기를 원하시기 때문입니다. 하지만 하나님을 멀리하고 죄와 불법으로 가득한 세상에서 헛된 것을 추구하는 사람이 얼마나 많습니까? 이는 사람이 혼의 지배를 받기 때문입니다.

혼의 생성
(육의 공간 속의 혼의 작용)

사람의 생각은 어디서 오는가?
나는 영혼이 잘된 사람인가?

"모든 이론을 파하며 하나님 아는 것을 대적하여
높아진 것을 다 파하고 모든 생각을 사로잡아
그리스도에게 복종케 하니 너희의 복종이 온전히 될 때에
모든 복종치 않는 것을 벌하려고 예비하는 중에 있노라"
(고후 10:5~6)

Chapter 1

혼의 생성

영이 죽은 사람은 육의 공간 속에 살면서
혼이 주인이 되었습니다. 사단의 주관을 받는 혼의 생성으로
무수한 혼의 작용을 하면서 살아가는 것입니다.

혼의 정의

육의 공간 속의 무수한 혼의 작용

어둠들

캄캄한 어둠 속에서도 레이더의 원리로 정확히 먹이를 찾아내는 박쥐나 놀라운 회귀 본능을 가진 연어, 수천 킬로를 여행하는 새, 1분에 천 번 가까이 나무를 쪼아대는 딱따구리 등 하나님께서 지으신 피조물들을 볼 때 사람의 지혜와 능력을 초월하는 오묘한 창조의 섭리를 느끼게 됩니다.

그런데 이러한 만물을 다스리도록 창조된 존재가 바로 사람입니다. 사람은 외견상으로는 사자나 호랑이처럼 힘이 세거나 날렵한 것도, 시각이나 후각이 다른 동물보다 뛰어난 것도 아닙니다. 그럼에도 불구하고 만물의 영장이라 합니다.

이는 근본적으로 동물과는 달리 영이 있기 때문이며, 또한 뛰어난 두뇌 작용, 즉 생각할 수 있는 능력이 있기 때문입니다. 사람은 하나님께서 주신 지능이 있어서 과학 문명을 발달시키고 만물을 다스릴 수 있습니다. 바로 이 분야가 영, 혼, 육 중에 혼과 관계되는 분야입니다.

1. 혼의 정의

머릿속의 기억 장치와 그 안에 저장된 지식들,
그것을 떠올리는 생각을 통틀어 '혼'이라고 합니다.

우리가 영, 혼, 육을 알아야 하는 이유는 혼의 작용을 올바로 깨우쳐 하나님께서 원하시는 혼으로 온전히 회복하기 위함입니다. 혼을 통해 사단의 주관을 받는 것이 아니라 영이 주인이 되어 혼을 다스리고 지배하도록 하기 위해서이지요.

사전에서는 혼을 '사람의 몸에 깃들여 있어서 정신 작용을 다스리는 보이지 않는 존재' 또는 '정신이나 영혼'이라 정의합니다. 그러나 성경에서 말하는 혼의 의미는 이와 다릅니다.

하나님께서는 사람의 두뇌에 기억 장치를 주셨습니다. 뇌세포에 기억할 수 있는 기능이 있기 때문에 지식을 입력하고 저장했다가 재생해 낼 수 있는 것입니다. 이 기억 장치 안에 입력된 내용물이 재생되어 나오는 것을 '생각'이라고 합니다. 즉 기억된 것을 다시 떠올리는 작용이 생각이지요. 그리고 머릿속의 기억 장치와 그 안에 저장된 지식, 그것을 떠올리는 작용을 통틀어 '혼'이라고 합니다.

컴퓨터의 기억 장치에 자료를 저장해 두었다가 필요에 따라 검색하고 활용하는 과정이 사람에 비유하면 혼에 속하는 것입니다. 사람에게 혼이 있어 기억하거나 생각할 수 있으니 혼은 심장부에 비유할 만큼 중요하고, 육은 심장부에 덧입혀진 옷과 같습니다. 그리고 육과 혼을 더 온전케 하는 것이 영입니다.

사람이 살아가면서 얼마나 많은 자료를 보고 듣고 입력했는가, 그 자료를 얼마나 많이 기억하여 적절하게 활용할 수 있는가에 따라 기억력이나 지능에 차이가 납니다. 아이큐는 어떤 유전인자를 부모에게 받았느냐에 따라 결정되기도 하지만, 학습이나 경험 등 후천적 요소에 의해 달라질 수 있습니다. 똑같은 아이큐를 갖고 태어났다 해도 얼마나 노력하느냐에 따라 달라질 수 있다는 것입니다.

혼의 작용의 중요성

우리가 기억 장치 안에 어떤 자료를 어떻게 입력하느냐에 따라 작용이 달라집니다. 사람은 매일 매 순간 무엇인가를 보고 듣고 느끼면서 그 내용을 기억해 둡니다. 그것을 떠올려 생각하거나 앞일을 계획하고, 옳고 그름을 분별하거나 추론하기도 합니다.

육체가 영혼을 담는 하나의 그릇 역할을 한다면 혼은 생각하는 기능을 통해 사람의 성품이나 성격, 판단 기준을 형성하고 마음밭을 이루는 중요한 작용을 합니다. 그래서 사람이 성공하느냐, 실패하느냐는 혼의 작용과 밀접한 관계가 있습니다.

1920년 인도의 캘커타 지방에서 서남쪽으로 110km쯤 떨어진 고다무리라는 작은 마을에서 있었던 일입니다. 이 마을에서 선교사로 일하고 있던 씽 목사 부부는 원주민들에게서 사람과 유사한 괴물이 동굴 속에 늑대와 함께 살고 있다는 이야기를 들었습니다. 씽 목사가 원주민의 도움을 받아 그 괴물을 잡고 보니 여자아이 두 명이었습니다.

씽 목사가 쓴 육아일기를 보면 두 아이는 모습만 사람이었지 모든 행동이 늑대와 다름없었다고 합니다. 그래서 사람들은 늑대 소녀라고 불렀습니다. 그런데 한 아이는 얼마 안 가 죽었고 가마라라고 이름 붙여준 아이는 9년 동안 씽 목사 부부와 함께 살다가 요독증으로 죽었습니다.

가마라는 낮에는 어둔 방 구석에서 꾸벅꾸벅 졸거나 얼굴을 벽으로 향한 채 꼼짝하지 않다가 밤이 되면 집 둘레를 빙빙 돌면서 기어 다녔고 한밤중에는 먼 곳까지 들릴 만큼 크게 늑대 울음소리를 내기도 했습니다. 음식은 손을 쓰지 않은 채 훌쩍훌쩍 핥아 먹었고 늑대처럼 두 손을 땅에 대고 뛰어다녔습니다. 어쩌다가 또래 아이들이 가까이 가면 이빨을 드러내며 으르렁 대고 자리를 피했습니다.

씽 목사 부부는 이 늑대 소녀를 어떻게든 사람답게 만들어 보려고 애썼지만 쉬운 일이 아니었습니다. 함께 산 지 3년이 지난 후에야 비로소 손을 써서 먹기 시작했고 5년이 지나면서 즐거운 표정이나 슬픈 표정을 나타낼 줄 알았습니다. 가마라가 죽을 때까지 나타낼 수 있었던 감정 표현은 원시적인 수준으로 실제로 개가 주인을 만나면 꼬리를 흔들며 기쁨을 나타내는 것과 비슷한 수준이었다고 합니다.

이 이야기에서 우리는 사람답게 되는 것이 혼과 관련이 있음을 알 수 있습니다. 가마라는 늑대의 행동을 보고 배우면서 성장했습니다. 사람에게 필요한 지식이 입력되지 않았기 때문에 혼이 발달하지 못했고, 늑대의 젖을 통해 그 기를 공급받고 성장했으므로 늑대의 기질을 닮은 것입니다.

사람과 짐승의 차이

사람은 영과 혼과 육으로 구성되어 있는데 가장 중요한 것은 영입니다. 사람의 영은 영이신 하나님이 주신 것으로 결코 소멸되지 않습니다. 육은 죽어 한 줌의 흙으로 돌아갈지라도 영은 혼과 결합되어 그대로 남으며 결국 천국과 지옥 중 한 곳으로 갑니다.

그런데 짐승을 만드실 때에는 사람처럼 생기를 불어넣지 않았으므로 짐승은 혼과 육으로만 구성되어 있습니다. 짐승의 혼을 살펴보면 사람과 마찬가지로 뇌세포에 기억 장치가 있습니다. 살아가면서 보고 들은 것이 그 안에 입력되지요. 하지만 짐승은 영이 없기 때문에 마음이라는 그릇이 없고, 결국 보고 듣는 것이 마음이 아닌 뇌세포의 기억 장치에 입력될 뿐입니다.

전도서 3장 21절에 "인생의 혼은 위로 올라가고 짐승의 혼은 아래 곧 땅으로 내려가는 줄을 누가 알랴" 했습니다. 여기서 '인생의 혼'이라 했는데, 예수님이 이 땅에 오시기 전인 구약 시대에는 영이 죽은 상태이므로 혼으로 표현한 것입니다. 따라서 구원받은 사람이든 구원받지 못한 사람이든 호흡이 끊어지면 혼이 떠났다고 표현합니다. 혼이 위로 올라간다는 것은 소멸되지 않고 천국 또는 지옥으로 간다는 의미가 담겨 있습니다. 반대로 짐승의 혼은 땅으로 내려간다 했으니 소멸되는 것을 말합니다. 호흡이 끊겨 뇌세포가 죽으면 그 안에 기억된 내용도 소멸되며 더 이상 혼의 작용이 일어나지 않고 무(無)로 돌아가는 것입니다. 간혹 옛 이야기나 드라마에서 검은 고양이나 뱀 등의 짐승이 사람에게 원수를 갚는다는 내용이 나오지만 이는 사람이 상상하여 지어낸 이야기에 불과합니다.

짐승은 혼의 작용을 한다 해도 본능에 따라 살기 위해 필요한 만큼만 제한적으로 이루어집니다. 본능적으로 죽음에 대한 공포를 느끼며 누군가 자기에게 위협을 가하면 저항하거나 두려워할 뿐 복수할 수는 없습니다.

또 동물은 영이 없기 때문에 하나님을 찾거나 궁구할 수 없습니다. 물고기가 헤엄치면서 "아! 하나님을 어떻게 만날 수 있을까?"라고 생각하겠습니까? 그러나 사람은 동물과는 전혀 다른 차원에서 복잡하고 다양한 혼의 작용을 합니다. 먹고 살아가는 것 이상의 가치 있는 것을 추구할 능력이 있지요. 문명을 발달시키고 삶의 의미에 대해 고민하며 철학과 종교를 만들어냅니다.

사람이 동물보다 뛰어난 혼의 작용을 하는 것은 혼과 육뿐 아니라 영이 있기 때문입니다. 하나님을 알지 못하고 믿지 않는 사람도 영이 있기 때문에 본성 속에서 막연하게나마 사후의 세계나 영의 세계를 느끼며 두려워하기도 합니다. 그러나 그들은 영이 죽은 것이나 다름없기 때문에 혼의 지배를 받아 죄를 지으며 살다가 결국 지옥으로 갑니다.

첫 사람 아담은 창조될 당시 하나님과 교통하는 영적 존재였습니다. 곧 영이 사람의 주인이고 혼은 영의 지시에 순종하는 종과 같은 역할을 했습니다. 물론 그때에도 혼은 기억하고 생각하는 작용을 했지만 비진리나 악한 생각이 없었기에 하나님 말씀에 순종하는 영의 지시에만 따랐습니다.

그런데 아담이 선악과를 먹은 후 영이 죽자 사단의 주관을 받아 비진리로 생각하고 행동하는 혼의 사람이 되었습니다. 그러면서 사람은 점점 진리와 거리가 멀어집니다. 사단이 사람의 혼을 주관하여 비진리로 이끌어갔기 때문입니다. 이렇듯 혼의 사람이란 영이 죽어 하나님으로부터 영의 지식을 공급받지 못하는 사람을 의미합니다.

영이 죽은 혼의 사람은 구원받지 못합니다. 초대교회 성도였던 아나니아와 삽비라 부부가 그 예입니다. 그들은 하나님을 믿는다 했지만 참믿음이 없었습니다. 그래서 사단의 사주를 받아 성령을 속이고 하나님께 거짓말을 합니다. 그 결과 어떻게 되었습니까?

"사람에게 거짓말 한 것이 아니요 하나님께로다 아나니아가 이 말을 듣고 엎드러져 혼이 떠나니 이 일을 듣는 사람이 다 크게 두려워하더라"(행 5:4~5)

그들이 죽을 때 혼이 떠났다는 기록을 통해 구원받지 못했음을 알 수 있습니다. 반면 스데반 집사는 하나님의 뜻에 순종하며 살아간 영의 사람입니다. 자신을 돌로 치는 사람들을 용서해 달라고 기도할 만큼 사랑이 많았던 그는 순교하면서 자신의 영혼을 주님께

부탁했습니다.

예수 그리스도를 믿고 성령을 받아 영이 살아난 상태이기 때문에 하나님께 영혼을 받아 달라고 기도한 것입니다. 곧 구원받았음을 알 수 있지요. 그런데 구원의 여부와 상관없이 혼으로 표현된 경우도 있습니다. 엘리야가 사르밧 과부의 아이를 살렸을 때 떠났던 혼이 돌아왔다는 기록이 나옵니다.

"여호와께서 엘리야의 소리를 들으시므로 그 아이의 혼이 몸으로 돌아오고 살아난지라"(왕상 17:22)

앞서 말한 대로 구약 시대는 성령받기 이전이므로 아직 영이 살아난 것이 아니기 때문에 구원받았다 해도 혼으로 표현한 것입니다.

왜 아말렉 사람을 모두 멸하라고 하셨나?

출애굽 백성이 모세를 따라서 가나안 땅으로 진군할 때 아말렉 군대가 훼방하였습니다. 그들은 애굽에 행하신 하나님의 크신 역사를 보고도 이스라엘 백성과 함께하는 하나님을 두려워하지 않았습니다. 그래서 이스라엘 백성을 훼방하고 노정 중 후미에 떨어진 약한 자들을 공격하며 괴롭게 하였습니다(신 25:17~18).

하나님께서는 이를 인하여 훗날 사울 왕에게 아말렉 사람을 치라고 명하셨습니다(삼상 15장). 남녀노소와 짐승을 가리지 말고 모두 멸하라 하셨지요. 우리가 영에 관해 알지 못하면 이런 말씀을 이해할 수 없습니다.

"하나님은 선이요 사랑이라고 들었는데 왜 사람을 짐승과 같이 취급하여 죽이라고 하셨는가?"

그러나 영적인 의미를 알면 그렇게 말씀하신 이유를 이해할 수 있습니다. 짐승도 뇌에 기억 장치가 있어 사람이 훈련시키면 어느 정도는 기억하여 행함이 따릅니다. 그러나 짐승은 영이 없기 때문에 죽으면 흙으로 돌아갈 뿐입니다. 하나님 보시기에 아무 가치가 없는 것입니다. 마찬가지로 영이 죽어 구원받지 못할 사람은 지옥에 가게 되므로 하나님 보시기에는 아무 가치가 없습니다.

더욱이 아말렉 사람은 간교하고 잔인하여 시간이 더 주어진다 해도 돌이킬 수 있는 상태가 아니었습니다. 만일 그들 중 돌이킬 수 있는 가능성이 있거나 의로운 사람이 있었다면 하나님께서는 어찌하든 살리는 방향으로 이끄셨을 것입니다. 죄악이 가득했던 소돔과 고모라에 의인 열 명만 있어도 그 성을 멸하지 않겠다고 하신 하나님의 약속을 떠올려 보시기 바랍니다.

하나님은 자비가 풍성하시고 노하기를 더디하는 분이십니다. 그러나 아말렉 사람들은 강퍅하여 아무리 시간이 흐른다 해도 구원과 상관이 없었습니다. 이들은 알곡이 아닌 쭉정이로서 어차피 멸망으로 가는 존재입니다. 그래서 하나님이나 하나님의 백성을 대적한 아말렉을 멸하라 하신 것이지요.

"내가 심중에 이르기를 인생의 일에 대하여 하나님이 저희를 시험하시리니 저희로 자기가 짐승보다 다름이 없는 줄을 깨닫게 하려 하심이라 하였노라"(전 3:18)

하나님이 인생을 시험하시니 짐승과 다름없다는 것입니다. 영이 죽어 있는 사람은 육과 혼으로 되어 있으니 짐승과 다름없는 행동을 합니다. 물론 죄로 가득 찬 오늘날에는 짐승보다 못한 사람도 많습니다. 그들은 당연히 구원받지 못합니다. 짐승은 죽어 소멸되면 그만이지만 사람은 구원받지 못하면 지옥에 가야 하니 짐승보다 못한 존재라 할 수 있습니다.

2. 육의 공간 속의 무수한 혼의 작용

아담의 범죄로 사람의 주인인 영이 죽게 되니 영의 기운이 빠져 나가고
육의 기운이 들어와 육에 속한 혼의 작용이 시작되었습니다.

혼의 작용에는 육에 속한 혼의 작용과 영에 속한 혼의 작용이 있습니다. 아담이 생령일 때에는 영이신 하나님께 진리만 공급받았기 때문에 영에 속한 혼의 작용, 곧 진리에 속한 혼의 작용이 일어났습니다. 그러나 영이 죽게 되자 육에 속한 혼의 작용, 곧 사단이 주관하는 비진리에 속한 혼의 작용이 시작되었습니다.

"가로되 이 모든 권세와 그 영광을 내가 네게 주리라 이것은 내게 넘겨준 것이므로 나의 원하는 자에게 주노라"(눅 4:6)

이는 마귀가 예수님을 시험하는 장면인데 마귀에게 처음부터 모든 권세가 있었던 것이 아니라 아담에게 넘겨받은 것임을 말하고 있습니다. 아담은 만물의 영장으로 지음 받았지만 죄에게 순종하여 마귀의 종이 되었기에 마귀가 아담의 권세를 다 넘겨받은 것입니다. 아담의 영이 죽어 모든 권세를 마귀에게 넘겨준 뒤부터 혼이 사람의 주인이 되었고 원수 마귀 사단의 지배를 받게 되었습니다.

사단은 사람의 영이나 진리를 지배할 수 없으므로 혼을 지배하고 다스리며 마음을 빼앗아 갑니다. 사람의 생각에 온갖 비진리를 넣어주고 이를 통해 혼의 작용을 사로잡는 만큼 사람의 마음을 지배할 수 있습니다.

원래 생령이었던 아담에게는 진리의 지식만 있어 영 자체가 곧 마음이었습니다. 그런데 영이신 하나님과의 교통이 끊어진 후에는 더이상 진리의 지식과 영의 기운을 공급받지 못하고 대신 원수 마귀사단이 혼을 통해 심어 주는 비진리의 지식들이 사람의 마음 안에 비진리의 마음을 형성하게 되었습니다.

육에 속한 혼의 작용은 깨뜨려야

혹시 여러분은 마음과 달리 엉뚱한 행동이나 말이 나온 경험이 있습니까? 이는 혼의 주관을 받기 때문입니다. 혼이 영을 감싸고 있기 때문에 육에 속한 혼의 작용을 깨뜨려야 내 안에 있는 영이 살아 움직일 수 있습니다. 그러면 어떻게 해야 육에 속한 혼의 작용을 깨뜨릴 수 있을까요? 가장 중요한 것은 스스로 '내 지식과 생각이 옳지 않구나' 라고 인정하는 것입니다. 그래야 자신의 생각과 다른 진리의 말씀을 들을 때 받아들일 자세가 됩니다.

예수님께서는 사람의 옳지 않은 생각을 깨뜨리기 위해 비유를 들어 말씀하시곤 했습니다(마 13:34). 생명의 씨가 혼에 갇혀 있어 영적인 것을 깨우치지 못하므로 세상의 비유를 통해 이해시키려 하신 것입니다. 그러나 바리새인들이나 제자들은 깨닫지 못했습니다. 고정관념과 비진리인 육신의 생각이 자리 잡고 있으면 어떤 말을 들어도 그것에 맞추니 이해가 안 되기 때문입니다.

당시 율법주의자들은 예수님이 안식일에 병자를 치료하셨다 하여 죄인이라 정죄했습니다. 상식적으로 생각해도 예수님은 하나님만이

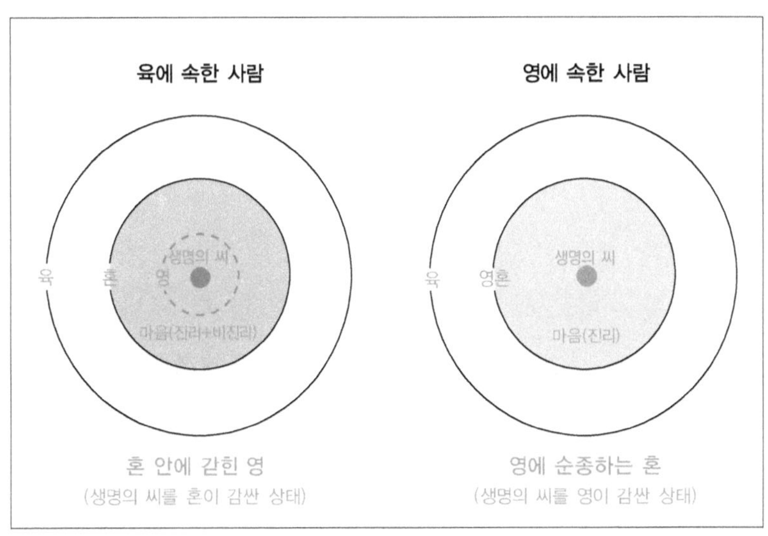

하실 수 있는 권능을 행하셨으니 하나님의 인정과 사랑을 받는 분임이 분명합니다. 하지만 그들은 장로의 유전과 틀로 인해 하나님의 마음을 깨닫지 못했습니다. 예수님은 그들의 잘못된 생각과 틀을 깨우쳐 주십니다.

"외식하는 자들아 너희가 각각 안식일에 자기의 소나 나귀나 마구에서 풀어내어 이끌고 가서 물을 먹이지 아니하느냐 그러면 십팔 년 동안 사단에게 매인 바 된 이 아브라함의 딸을 안식일에 이 매임에서 푸는 것이 합당치 아니하냐"(눅 13:15~16)

그러자 모든 반대하는 자들은 부끄러워하고 온 무리는 그 하시는 영광스러운 일을 기뻐했다 했습니다. 비유를 통해 자신의 잘못된 생각과 틀을 발견할 기회를 얻은 것입니다. 예수님이 비유로써 사람들의 생각을 깨뜨려 주신 것은 그것을 깨뜨려야 마음의 문이 열리기 때문입니다.

여기서 문은 바로 생각의 문, 곧 혼을 의미합니다. 주님께서는 진리의 말씀으로 생각의 문을 두드리십니다. 이때에 생각의 문을 열고, 즉 혼을 깨뜨리고 "주님 말씀이 옳습니다." 하고 받아들이면 마음의 문이 열립니다. 그리하여 말씀이 마음 안에 담기면 차츰 말씀대로 행하게 되는데, 이것이 곧 주님과 함께 먹고 마시는 것입니다. 설령 자신의 생각이나 이론에 맞지 않아도 아멘으로 받으면 육에 속한 혼의 작용을 깨뜨릴 수 있습니다.

이처럼 먼저는 생각의 문을 열고 마음 문을 열어야 복음이 사람의 혼 안에 갇혀 있는 영에까지 이르게 됩니다. 대문 밖에 있는 사람이 안방에 있는 주인을 만나려면 먼저 대문을 열고 집 안으로 들어가서, 다시 안방 문을 열어야 하는 것과 같습니다.

육에 속한 혼의 작용을 깨뜨리는 데에는 여러 방법이 있습니다. 어떤 사람에게는 논리적이고 지식적인 설명을, 어떤 사람에게는 하나님의 권능을 보여 주거나 적절한 비유를 들어 줄 때 쉽게 생각의 문이 열리고 마음 문이 열려 복음을 받아들입니다. 또한 구원받은 성도들의 믿음이 성장하고 영으로 깊이 들어가기 위해서도 육에 속한 혼의 작용을 깨뜨리는 작업이 지속적으로 필요합니다. 신앙이 정체되거나 영적 성장을 하지 못하는 사람이 많이 있는데 이는 육에 속한 혼의 작용으로 인해 영의 깨우침이 막혀 있기 때문입니다.

기억의 형성 과정

우리가 하나님이 원하시는 혼의 작용을 하려면 입력되는 지식이 어떻게 기억으로 남는지 알아둘 필요가 있습니다. 보고 들어도 기억이 전혀 없거나 흐릿하게 남는 것이 있는 반면, 오랜 세월이 지나도 확실하게 떠오르고 잊히지 않는 것도 있습니다. 이는 기억 장치에 내용을 입력하는 방법이 다르기 때문입니다.

첫째로, 무심코 흘려버리는 경우가 있습니다. 보고 듣기는 했지만 별다른 주의를 기울이지 않고 그냥 지나쳐 버리는 경우입니다. 기차를 타고 고향에 내려갈 때 창밖에 누렇게 곡식이 익어가는 논과 밭이 있습니다. 이때 다른 생각에 골몰해 있으면 고향에 도착했을 때 막상 무엇을 보았는지 별로 기억이 나지 않습니다. 또 학생이 수업 시간에 오락 등 잡념에 빠져 있었다면 수업이 끝난 후 무엇을 들었는지 기억이 나지 않지요.

둘째로, 담아둔 것이 있습니다. 창밖에 펼쳐진 논밭을 볼 때 부모님과 연관하여 기억해 놓을 수 있습니다. 아버지가 농사짓는 모습 등을 떠올리며 논과 밭을 보았다면 어느 정도는 기억으로 남습니다. 또 학생이 수업 시간에 선생님의 설명을 들으면서 "그런가 보다." 하고 가볍게 담아두기만 하는 경우가 있습니다. 수업이 끝난 직후에는 그 내용을 어느 정도 기억할 수 있지만 며칠 지나면 잊어 버립니다.

셋째로, 심어 놓은 것이 있습니다. 농부가 논밭의 곡식을 그냥 흘려버리지 않고 유의하여 봅니다. '여기는 우리보다 농사가 잘되었구나, 저 비닐하우스는 참 튼튼하게 지었다. 나도 저렇게 해야겠다.' 하면서 관심을 갖고 봅니다. 이렇게 주의 깊게 보고 머릿속에 잘 심은 것은 나중에 집에 돌아와서도 구체적으로 떠오릅니다. 다른 예로, 선생님이 "이 수업이 끝나면 시험을 보겠다. 하나 틀릴 때마다 한 대씩 매를 때리겠다."라고 했습니다. 그러면 학생들이 더 집중해서 듣고 기억하려고 애를 쓰는데 이렇게 입력한 내용은 비교적 오래 기억에 남습니다.

넷째로, 머리와 마음에 동시에 심어 놓은 경우입니다. 어떤 사람이 슬픈 영화를 보았다고 합시다. 영화를 보면서 자신이 주인공이 되어 같이 눈물 흘리며 깊이 빠져드는 경우 기억 장치인 머리뿐 아니라 마음에도 심어집니다. 즉 뇌세포의 기억 장치에 지식으로 저장되며 마음에도 느낌으로 입력되는 것입니다. 이렇게 마음과 머리에 동시에 강하게 입력된 것은 뇌세포가 파괴되지 않는 한 기억 속에 남아 있습니다. 또 뇌세포가 파괴되어 생각을 하지 못한다 해도 마음에는 그대로 남아 있지요.

만일 어머니가 교통사고 당하는 장면을 아이가 목격했다면 얼마나 충격을 받겠습니까? 이런 경우 그 장면이 슬픈 느낌과 함께 아이의 마음에 심겨집니다. 마음과 머리에 동시에 입력되었기 때문에 오랜 세월이 지나도 잊기 어렵습니다. 지금까지 기억 장치에 입력하는 네 가지 방법에 대해 알아보았습니다. 이를 이해하면 혼의 작용을 다스리는 데 도움이 됩니다.

기억하기 싫은데 왜 자꾸 떠오르나?

그런데 기억하기 싫은 것이 자꾸 떠오르는 경우가 있습니다. 그 이유는 무엇일까요? 이는 느낌과 함께 입력하여 머리와 마음에 새겨 두었기 때문입니다.

가령, 미워하는 친구가 있다고 합시다. 그 친구를 생각할 때마다 자꾸 미움이 밀려와 괴롭습니다. 이런 경우에는 우선 하나님 말씀을 먼저 생각해야 합니다. 하나님은 이웃을 내 몸과 같이 사랑하라 하셨으며, 예수님은 십자가에 달려 돌아가시면서도 자신을 못 박은 사람들을 용서해 달라고 기도하셨습니다. 이처럼 하나님이 원하시는 마음은 선과 사랑이니, 원수 마귀 사단이 주는 비진리의 마음은 빼내 버려야 하지요.

친구를 왜 미워하는지 가만히 동기를 따져보면 사실 사소한 일인 경우가 많습니다. 고린도전서 13장의 사랑장 말씀을 적용하면 상대의 유익을 구하고 온유하며 상대를 이해해 줘야 하는데 그렇지 못한 자신을 발견합니다. 내가 잘못했다는 것을 깨닫게 되니 마음에 있던 미움의 감정이 차츰 누그러집니다. 우리가 처음부터 선하게 느끼고 입력하면 악한 생각으로 고통받지 않습니다. 상대가 마음에 맞지 않는 행동을 해도 "그만한 이유가 있겠지."라고 선으로 입력하면 그 사람에 대해 생각할 때에 미움이 떠오르지 않는 것입니다.

이미 느낌과 함께 비진리로 입력한 것은

그러면 이미 느낌과 함께 입력시킨 비진리는 어떻게 해야 할까요?

마음에 강하게 입력된 것일수록 생각을 하지 않으려고 해도 떠오르게 마련입니다. 이럴 때에는 기억 자체를 없애는 것이 아니라 느낌을 바꿔나가야 합니다. 가령, 자신을 힘들게 하는 사람에 대해 밉다, 용서할 수 없다는 생각을 바꿔서 '그 사람 입장에서는 그럴 수도 있었겠다, 얼마나 힘들었으면 그랬을까?' 하며 자꾸 상대편 입장에서 생각합니다.

또 상대의 입장이 되어 장점을 떠올려 보고 기도해 줍니다. 이렇게 노력하면서 말 한 마디라도 따뜻하게 건네고 조그만 선물이라도 전해 주며 사랑을 실천하는 만큼 미움의 느낌은 사랑의 느낌으로 바뀝니다. 그 사람을 생각해도 더는 고통받거나 힘들지 않습니다.

제가 주님을 영접하기 전에 7년간 아파 있을 때 많은 사람을 미워하였습니다. 의학으로 치료할 수 없는 질병으로 앞날을 기약할 수 없는 상황이 계속되니 빚은 눈덩이처럼 불어났고 가정은 엉망이 되었습니다. 가장이 된 아내는 생활전선에 뛰어들어야 했고 일가친척들은 궁색하게 살아가는 우리 가족을 피하고 반기지 않았지요.

형제간에 좋았던 우애도 깨졌습니다. 이때 저는 저의 어려운 입장만 생각하였기에 '어떻게 나를 외면하고 버릴 수 있는가?' 하며 서운한 감정이 들었습니다. 툭하면 보따리 싸들고 집을 나가던 아내뿐 아니라 모진 말로 상처를 주는 처가 식구들에게도 한이 맺혔습니다. 나를 볼 때마다 멸시하는 그들의 눈길에 날이 갈수록 미움과 원한이 쌓여갔지요. 그런데 그토록 많은 미움과 한이 눈 녹듯이 사라지는 순간이 왔습니다.

예수님을 구세주로 영접하고 하나님 말씀을 들으면서 나 자신을 발견한 것입니다. 하나님은 원수도 사랑하라 하셨고 독생자까지 우리에게 화목 제물로 주셨는데 나는 도대체 어떤 사람이기에 이런 미움과 한을 갖고 있는가 하는 깨우침이 왔습니다. 입장을 바꾸어 만일 나에게 여동생이 있는데 남편을 잘못 만나 온갖 고생을 하며 가족들을 먹여 살리기 위해 몸부림치고 있다면 과연 내 마음이 어떨지 생각해 보았습니다. 상대의 마음이 되어 생각하니 그들을 이해할 수 있었고 모든 것이 내 탓이었습니다.

생각을 바꾸자 오히려 처가 식구들에게 감사가 나왔습니다. 내 처지를 동정하여 때때로 쌀이나 필요한 것을 공급해 준 것도 고마운 일이었습니다. 이런 어려운 과정이 있었기 때문에 내가 하나님을 영접하고 천국을 알게 되었으니 그 또한 감사했습니다. 이렇게 마음을 바꾸니 병이 든 것도, 아내를 만난 것도 감사했고 미움은 사랑으로 바뀌었습니다.

비진리에 속한 혼의 작용을 하면 자신뿐 아니라 주변 사람들까지 큰 해를 입는 경우가 많습니다. 그러면 우리 삶 속에서 흔히 볼 수 있는 비진리에 속한 혼의 작용에는 어떤 것들이 있을까요?

사람이 살아가면서 자신의 취향이나 가치관, 혹은 스스로 옳다고 생각하는 것에 대한 틀이 생깁니다. 옷 입는 것만 보아도 어떤 사람은 화려하고 독특한 디자인을 좋아하지만, 어떤 사람은 단순하고 깔끔한 것을 좋아합니다. 똑같은 영화를 보아도 재미있다는 사람이 있는가 하면 지루하고 재미없다는 사람도 있습니다.

그렇다 보니 자신과 기질이 다른 사람에 대해서는 은연중 불편한 느낌을 갖습니다. 적극적이고 개방적 성격인 A는 마음에 들지 않는 일은 직설적으로 표현합니다. B는 감정을 잘 표현하지 않고 어떤 일을 할 때 꼼꼼하게 앞뒤를 살펴 결정하기 때문에 오랜 시간이 걸립니다. A가 보기에는 B가 답답하고 이해되지 않습니다. 반면, B는 직설적으로 표현하는 A를 대하기가 어렵고 점점 피하고 싶습니다.

이처럼 서로 이해하지 못하거나 품지 못하는 것도 비진리에 속한 혼의 작용입니다. 나 보기에 좋은 것만 좋게 생각하고 내가 옳다고 생각하는 것만 옳게 여기므로 나와 다른 사람은 이해하지 못하며 포용하기 어렵습니다.

판단이란 어떤 사람이나 사물에 대해 자기 나름대로의 틀이나 느낌으로 단정 짓는 것을 말합니다. 어떤 나라에서는 식사 중에 코를 풀면 무례하고 교양 없다고 생각하지만 이런 행동을 예사롭게 여기는 나라도 있습니다. 또 식사 중에 자신이 덜어 온 음식을 남기면 무례한 행동으로 여기는 나라가 있는가 하면 약간 남기는 것을 예의라고 생각하는 곳도 있습니다.

음식을 손으로 먹는 사람에게 어느 외국인이 비위생적이라고 말하자 "나는 손을 깨끗하게 씻고 먹지만 식당의 포크나 나이프가 얼마나 깨끗한지 알 수 없으니 내 손이 더 위생적이다."라고 말했다고 합니다. 이처럼 어떤 환경에서 자라고 어떻게 배웠는가에 따라 같은 상황을 보고도 느낌과 생각이 다릅니다. 그러니 우리는 진리가 아닌 사람의 기준으로 옳고 그름을 판단해서는 안 됩니다.

어떤 사람은 자기 자신을 기준으로 하여 판단하기도 합니다. 거짓말을 잘하는 사람은 다른 사람도 거짓말을 잘할 것이라 생각하고 남의 허물을 말하기 좋아하는 사람은 다른 사람도 그럴 것이라 여기는 것입니다.

잘 알고 있는 남녀가 호텔 앞에 서 있는 것을 보았다고 합시다. 이때 '저 사람들이 같이 호텔에 들어갔다 나왔구나. 어쩐지 예전부터 서로 눈빛이 다르더라.' 하고 판단하며 자기 나름대로 해석까지

덧붙이는 사람이 있습니다.

하지만 호텔 커피숍에 들어가 대화하고 나왔는지, 아니면 길에서 우연히 만난 것인지 직접 확인하기 전에는 알 수 없지요. 그럼에도 내 느낌으로 판단 정죄하고 또 그것을 주변에 전한다면 사실과 다른 엉뚱한 소문으로 상대가 큰 피해를 입을 수도 있습니다.

동문서답도 판단에서 나옵니다. 자주 지각하는 사람에게 동료가 "몇 시에 출근했느냐?"고 물으면 기분 나빠하면서 "나 오늘 지각하지 않았어."라고 대답합니다. 단지 몇 시에 왔느냐고 한 것인데 "저 사람이 내가 지각한 줄로 생각하고 묻는구나."라고 판단하고 엉뚱한 대답을 하는 것입니다.

"때가 이르기 전 곧 주께서 오시기까지 아무것도 판단치 말라 그가 어두움에 감추인 것들을 드러내고 마음의 뜻을 나타내시리니 그때에 각 사람에게 하나님께로부터 칭찬이 있으리라"(고전 4:5)

이 세상에는 판단이나 헤아림, 수군거림, 정죄가 가정이나 사회, 정치나 국가적인 차원에 이르기까지 수없이 일어나고 있습니다. 이런 악들은 분쟁을 일으키고 불행을 가져다줍니다. 사람들은 이렇게 많은 판단을 하면서 살아가지만 정작 그런 사실을 깨닫지도 못하는 경우가 많습니다. 때로는 자신 있게 "안 봐도 뻔하다."라고 말합니다. 물론 그 판단이 옳은 경우도 있지만 대부분 옳지 않으니 문제입니다. 설령 옳다 해도 판단 자체가 악이며 하나님께서 금하셨으니 하지 말아야 합니다.

셋째로, 정죄하는 것입니다.

자신의 생각에 맞추어 상대를 판단할 뿐 아니라 나아가 정죄까지 하는 것입니다. 인터넷 사이버 공간의 판단 정죄하는 악성 댓글로 인해 고통당하는 사람이 얼마나 많습니까. 우리 생활 속에서도 판단하고 정죄하는 일이 종종 일어납니다. 어떤 사람이 자신에게 인사하지 않고 지나가면 '저 사람이 나를 무시하는구나. 안하무인이군!' 하고 정죄합니다. 시력이 나쁘거나 다른 생각에 잠겨 미처 알아보지 못하고 지나칠 수도 있는데 자신의 느낌으로 정죄하는 것입니다.

"형제들아 피차에 비방하지 말라 형제를 비방하는 자나 형제를 판단하는 자는 곧 율법을 비방하고 율법을 판단하는 것이라 네가 만일 율법을 판단하면 율법의 준행자가 아니요 재판자로다 입법자와 재판자는 오직 하나이시니 능히 구원하기도 하시며 멸하기도 하시느니라 너는 누구관대 이웃을 판단하느냐"(약 4:11~12)

상대를 판단 정죄하는 것은 마치 자신이 하나님인 양 교만해진 것입니다. 그런 사람은 하나님 앞에서 스스로 정죄받게 됩니다. 영적인 일을 판단 정죄하는 것은 더 심각한 문제입니다. 하나님의 능력이나 섭리에 관해 자신의 지식과 틀 속에서 판단하고 정죄하는 것이 그 예가 됩니다.

만일 누군가 "기도받고 불치병을 치료받았습니다." 말한다면 선한 사람은 그대로 믿어 줍니다. 그런데 "기도만 받고 어떻게 병이 치료되나? 병원에서 오진했거나 나아졌다고 착각하는 것이겠지."

하고 판단하거나 "거짓말하고 있구나."라고 정죄하는 사람도 있습니다. 홍해가 하나님의 능력으로 갈라지고 해와 달의 운행이 멈추며 쓴 물이 단물로 변한 성경의 기록에 대해서도 "사실일 리가 없다. 거짓으로 지어낸 것이야." 하면서 판단 정죄합니다.

어떤 사람은 하나님을 믿는다 하면서도 성령의 역사를 판단하고 정죄하지요. 영안이 열려 영의 세계를 본다거나 하나님과 교통을 이룬다고 하면 "잘못되었다.", "신비주의다."라고 말합니다. 이런 일들은 성경에 기록된 하나님의 역사인데도 자기 나름대로 만들어 온 신앙의 틀 속에서 정죄하는 것입니다.

예수님 당시 유대인 중에도 그런 사람이 많았습니다. 만일 예수님이 안식일에 병자를 고치셨다면 하나님의 능력이 예수님을 통해 나타났다는 사실에 초점을 맞추어야 합니다. 하나님의 뜻에 어긋난다면 예수님을 통해 치료의 역사를 베푸셨을 리가 없는 것입니다. 그러나 바리새인들은 자기 생각의 틀 속에 갇혀 하나님의 아들이신 예수님을 판단 정죄하였습니다. 이처럼 진리를 알지 못해 하나님을 판단 정죄하는 것이라 해도 큰 죄가 됩니다. 성령 훼방, 거역, 모독의 죄를 범하면 회개할 기회조차 얻지 못할 수 있으니 삼가 주의해야 합니다.

넷째로, 말을 잘못 전하는 것입니다.

대개 말을 전하는 과정에서 각자의 느낌과 생각이 들어가서 내용이 변질됩니다. 들은 내용을 그대로 전한다 해도 전하는 사람의 표정과 소리의 강약에 따라 의미가 달라지기도 합니다. 상대를 부를 때 작고 친근한 목소리로 "야~" 하는 것과 거칠고 성난 목소리로 "야!" 하는 것은 느낌이 전혀 다릅니다. 더군다나 상대의 말을 자신의 표현으로 바꾸어 전한다면 원래의 의미와 크게 달라질 수 있습니다.

이런 예들은 일상생활 속에서도 빈번히 일어납니다. 원래의 내용을 과장하거나 축소하기도 하고, 심할 때에는 전혀 엉뚱한 말로 바꾸어 전하는 경우도 있습니다. "그런 게 아닐까?" 하는 말이 "그렇더라"로, "그럴 수도 있다, 그럴 예정이다." 하는 말이 "그렇게 정해졌다."라고 전달되는 것입니다. 마음에 비진리가 있는 만큼 말을 잘못 전합니다.

반면에 마음이 진실하면 자신의 생각으로 사실을 왜곡하지 않습니다. 자기 유익을 구하는 마음, 대충 넘어가려는 마음, 조급하게 판단하는 마음, 남의 말 하기를 좋아하는 마음이 없을수록 보다 정확하고 바르게 전할 수 있습니다. 요한복음 21장 18절 이하에 부활하신 주님이 베드로의 순교에 대해 말씀한 내용이 나옵니다.

"젊어서는 네가 스스로 띠 띠고 원하는 곳으로 다녔거니와 늙어서는 네 팔을 벌리리니 남이 네게 띠 띠우고 원치 아니하는 곳으로 데려가리라"

베드로는 근처에 있던 요한에 대해 묻습니다. "주여 이 사람은 어떻게 되겠삽나이까?" 그러자 주님께서는 "내가 올 때까지 그를 머물게 하고자 할지라도 네게 무슨 상관이냐 너는 나를 따르라" 말씀합니다. 이러한 주님의 말씀이 제자들에게는 어떻게 전해졌을까요? 성경을 보면 "그 제자는 죽지 아니하겠다." 했다고 합니다. 주님이 재림하실 때까지 요한이 죽지 않는다 해도 베드로가 상관할 일이 아니라는 말씀인데, 제자들은 자신의 생각 속에서 엉뚱하게 전한 것입니다.

다섯 번째, 감정(憾情)입니다.

여기서 감정은 기쁘고 즐거워하는 감정(感情)이 아니라 원망하거나 언짢아하는 마음을 말합니다. 서운함, 자존심, 낙심, 시기, 분냄 등 육적인 감정이 있으면 비진리에 속한 혼의 작용이 나옵니다. 같은 말을 해도 듣는 사람의 감정에 따라 반응이 다릅니다.

윗사람이 실수를 지적하면서 "일을 더 잘할 수 없어요?" 했다면 어떤 사람은 "더 잘하겠습니다." 하고 웃으며 넘어갑니다. 하지만 평소 불만이 있던 사람은 '말을 꼭 그렇게 기분 나쁘게 해야 하나? 자기는 얼마나 잘하길래…. 상사답게 행동하지도 못하면서….' 하고 감정이 발동합니다.

또는 상사가 "이 부분은 고치면 더 좋을 것 같다."고 권면하면 어떤 사람은 "알려 주셔서 감사합니다." 하고 기쁘게 받아들입니다. 반면에 어떤 사람은 자존심이 상하여 '내가 이것을 이루기 위해 얼마나 고생했는데 저렇게 쉽게 말하는가? 그렇게 잘 알면 직접 하지.' 하고 서운해하거나 불평합니다.

성경을 보면 예수님의 수제자인 베드로가 예수님께 책망받는 장면이 나옵니다(마 14:31, 16:23). 어느 날 예수님께서 자신이 고난을 당한 뒤 죽을 것을 말씀합니다. 베드로는 사랑하는 스승의 고난을 원치 않았기에 "주여 그리 마옵소서." 하고 만류합니다.

그러자 예수님은 "나를 생각해 주는 네 마음은 고맙지만 나는 가야 한다." 하며 위로한 것이 아닙니다. 도리어 "사단아 내 뒤로 물러가라 너는 나를 넘어지게 하는 자로다 네가 하나님의 일을 생각지 아니하고 도리어 사람의 일을 생각하는도다." 하고 꾸짖습니다.

예수님이 십자가에 달려야만 죄로 인해 사망으로 가는 인류에게 구원의 길이 열리기 때문에 이를 막는 것은 결과적으로 하나님의 섭리를 막는 것이지요. 당시 베드로는 예수님이 그렇게 말씀하신 것은 그만한 이유가 있다고 믿었기에 서운해하지 않았습니다. 선으로 생각한 베드로는 후일 놀라운 권능을 행하는 사도가 됩니다.

반면 가룟 유다는 어떻습니까? 마태복음 26장을 보면 베다니 마리아가 예수님께 향유를 부어 드릴 때 가룟 유다는 아까운 생각이 들었습니다. 겉으로는 "이것을 많은 값에 팔아 가난한 자들에게 줄 수 있었겠도다." 하였지만, 사실 '그 값을 예수님께 드리면 내가 빼돌릴 수 있을 텐데…' 하는 도둑의 마음이 있었습니다. 이때 예수님께서는 하나님의 섭리 가운데 자신의 장사(葬事)를 예비한 마리아의 행동을 칭찬하십니다. 그러자 가룟 유다는 자신의 말을 인정해 주지 않는 예수님에 대해 불만과 감정을 품습니다. 예수

님을 배신할 계획을 세우고 은 삼십에 팔아넘기는 엄청난 죄를 짓
게 되지요.

오늘날 많은 사람이 진리에서 벗어난 혼의 작용을 합니다. 그런
데 내가 무엇을 보아도 느낌을 갖지 않으면 혼의 작용이 일어나지
않습니다. 어떤 것을 보면 본 것으로 끝내야지 자기 생각을 동원하
여 판단 정죄한다면 이는 죄가 됩니다. 진리로 자신을 지키려면 아예
비진리를 보거나 듣지 않는 것이 좋습니다. 혹 부득이하게 접했다
해도 선으로 생각하며 느끼는 사람은 자신을 선으로 지킬 수 있습
니다.

3. 어둠들

비진리에 속한 혼의 작용을 일으키는 장본인은 바로 악한 영들입니다. 이들은 하나님께서 인간 경작의 섭리를 이루기 위해 허락하신 존재로서 인간 경작이 진행되는 동안 공중의 권세를 잡고 있습니다. 에베소서 2장 2절을 보면 "그때에 너희가 그 가운데서 행하여 이 세상 풍속을 좇고 공중의 권세 잡은 자를 따랐으니 곧 지금 불순종의 아들들 가운데서 역사하는 영이라" 했습니다. 하나님께서 인간 경작을 마무리할 때까지 공중 권세 잡은 자들이 어둠의 흐름을 주도하도록 허락하신 것입니다.

어둠에 속한 악한 영들은 사람을 미혹하여 죄를 지으며 하나님을 대적하게 합니다. 그들의 세계에도 정확한 질서가 있습니다. 우두머리인 루시퍼는 어둠을 주관하며 그 수하에 있는 악한 영들을 지시하고 조종하는 역할을 합니다. 그의 수하에는 돕는 여러 존재가 있는데 악한 영의 세계에 실제적인 권세를 잡은 용들과 그의 사자들(계 12:7), 그리고 사단, 마귀, 귀신의 순으로 서열이 정해져 있습니다.

어둠을 주관하는 우두머리 루시퍼

루시퍼는 하나님 곁에서 아름다운 목소리와 악기로 하나님의 영광을 찬양하는 천사장이었습니다. 그러한 그가 무수한 세월 동안 하나님의 사랑을 받으며 높은 위치와 권세를 누리다 보니 교만해져 하나님을 배신했지요. 그 뒤로 루시퍼는 예전의 아름다운 모습과 달리 소름 끼치는 흉측한 모습으로 변하고 말았습니다.

"너 아침의 아들 계명성이여 어찌 그리 하늘에서 떨어졌으며 너 열국을 엎은 자여 어찌 그리 땅에 찍혔는고"(사 14:12)

오늘날 사람들이 현란한 머리 스타일이나 칙칙한 색조의 화장 등으로 자신도 모르는 사이에 이런 루시퍼의 모습을 닮아갑니다. 루시퍼가 세상의 유행이나 흐름을 통해 사람들의 마음과 생각을 자신의 의도대로 이끌어 가기 때문입니다. 특히 음악에 어둠의 손길을 뻗쳐 범죄의 매개체로 사용합니다.

또한 컴퓨터를 비롯한 각종 문명의 이기를 통하여 사람들의 마음과 생각을 죄와 불법 가운데 이끌어 가는가 하면, 악한 권세자들을 주관하여 하나님을 대적하기도 합니다. 어떤 나라는 정책적으로 기독교를 탄압하고 말살하는데, 이는 루시퍼의 직접적인 사주를 받아 행하는 것이지요.

이 밖에도 루시퍼는 갖가지 복술과 사술로 사람들을 미혹하며, 무당을 사주하여 자신을 숭배하도록 역사해 왔습니다. 어떻게든 한 영혼이라도 더 지옥으로 이끌기 위해 애쓰며 하나님을 대적해 나가는 것입니다.

루시퍼의 수하에서 우두머리 역할을 하는 것이 용들입니다. 사람들은 대개 용을 상상 속의 동물이라고 생각합니다. 하지만 용은 악한 영의 세계에 실존하며, 다만 영물이기 때문에 눈에 보이지 않을 뿐입니다. 용은 사전에 나온 대로 사슴의 뿔, 귀신의 눈, 소의 귀와 비슷한 모습을 하고 있으며, 비늘이 있고 네 개의 발을 갖고 있습니다. 오늘날로 말하면 거대한 파충류와 비슷한 형상입니다.

창조될 당시의 용은 길고 부드러우며 호화찬란한 깃털을 가진 아름다운 모습으로 하나님의 보좌를 두르고 있었습니다. 하나님 가까이에 있으면서 애완동물처럼 큰 사랑을 받았을 뿐 아니라 힘과 권세가 대단하여 그 수하에는 많은 그룹들이 있었지요. 그런데 용이 루시퍼와 함께 하나님을 배신하니 용의 수하에 있던 그룹들도 타락하여 하나님을 대적하기에 이릅니다. 이들은 용의 사자들로서 흉측한 짐승의 모습을 하고 있습니다. 용과 더불어 공중 권세를 잡고 사람들을 죄악으로 이끌어 갑니다.

물론 루시퍼가 악한 영의 우두머리이지만 실질적으로는 용들과 그의 사자들에게 권세를 주어 하나님께 속한 영들과 싸우며 공중을 다스리게 합니다. 용은 오래전부터 사람들을 주관하여 곳곳에 용의 문양을 새기거나 조각해 넣음으로써 자신을 숭배하게 만들어 왔습니다. 오늘날 용을 우상화하여 숭배하고 신성시하는 종교도 있는데 바로 용의 조종을 받는 것입니다.

용은 그의 사자들을 통해 악한 사람들을 사주합니다. 이런 사람들은 인신매매나 살인 등 온갖 악행도 서슴지 않습니다. 용의 사자들은 성경 레위기에 나오는 가증한 짐승들과 닮은 형상입니다. 그들 중 어떤 짐승의 사주를 받느냐에 따라 나타나는 악의 모양이 다릅니다. 짐승에 따라 포악함과 간사함, 더러움과 추함, 난잡함 등 성격이 다양하기 때문입니다.

이처럼 루시퍼는 용들을 통해 역사하며 수하의 사자들은 용의 명령에 따라 움직입니다. 국가로 비유하면 루시퍼는 왕과 같은 위치이며 용은 총리나 군대를 다스리는 총사령관과 같이 실질적으로 부하들을 명령하고 조종합니다. 용이 어떤 일을 할 때 일일이 루시퍼의 지시를 받지는 않습니다. 이미 루시퍼가 자신의 생각과 마음을 용의 마음 안에도 심어 놓았기 때문에 용이 어떤 일을 계획하고 실행하면 결국은 루시퍼가 계획한 대로 되는 것입니다.

이러한 원리에 따라 용은 그의 사자들과 사단, 마귀를 조종하고 그들은 다시 귀신을 조종합니다. 또한 어둠에 속한 사람들에게 역사하여 온갖 죄와 불의와 불법을 행하게 만듭니다. 마음이 어둠으로 물든 만큼 악한 영들이 역사하는데 처음부터 귀신이나 마귀가 역사하는 것이 아닙니다. 먼저 사단이 역사하고 다음에는 마귀가, 마지막으로 귀신이 역사하는 것입니다.

루시퍼의 마음과 능력을 지닌 사단

사단이란 한마디로 루시퍼의 마음입니다. 사람의 생각을 통해 역사하는 존재로서 실질적인 형태가 없습니다. 사단은 루시퍼가 가진 어둠의 능력을 그대로 담고 있어서 사람들로 하여금 악한 생각과 마음을 갖게 하고 악을 행하게 합니다.

또한 어느 한도 내에서 자연 현상까지 동원할 수 있습니다. 욥기를 보면 사단이 욥을 송사할 때에 악한 스바 사람과 갈대아 사람의 생각을 사주하고 바람과 불을 이용하여 욥의 자녀와 소유물을 몰살시켰지요(욥 1장). 사단도 자신이 가진 권세로써 사람을 해하며 질병을 가져다줄 수 있는 것입니다(욥 2:6~7).

사단은 영적인 존재로서(왕상 22:21 ; 욥 1:6~7) 사람에게 어떠한 어둠의 속성이 있느냐에 따라서 갖가지 형태로 역사합니다. 거짓말을 잘하는 사람에게는 거짓 영으로, 이간질을 좋아하는 사람에게는 이간하는 영으로, 또한 더러운 육체의 일을 좋아하는 사람에게는 더러운 영으로 역사합니다(왕상 22:22 ; 요일 4:6 ; 계 18:2). 이처럼 루시퍼와 용들과 그의 사자들, 사단은 역할과 모습이 달라도 마음과 생각이 하나이며 악을 행하는 능력도 하나입니다. 그러면 사단은 어떤 방법으로 사람에게 역사할까요?

사단은 마치 공중에 수없이 퍼져 있는 전파와 같이 그 마음과 능력을 계속적으로 공중에 퍼뜨립니다. 전파가 수신 안테나를 만나면 즉시 접속되듯이 사단이 퍼뜨려 놓은 어둠의 마음과 생각과 능력도 받아들일 준비가 된 사람에게 역사합니다. 이때 수신 안테나의 역할을 하는 것이 바로 사람의 마음 안에 있는 어둠 곧 비진리이지요.

예를 들어, 마음 안에 미움이라는 속성이 바로 사단이 공중에 퍼뜨려 놓은 미움이라는 전파를 받아들일 수 있는 수신 안테나의 역할을 합니다. 사단이 퍼뜨려 놓은 어둠의 전파와 사람의 마음에 있는 비진리라는 안테나의 주파수가 맞으면 사단은 생각을 통해서 즉시 어둠의 능력을 불어넣습니다. 이로 인해 비진리의 마음이 강한 힘을 얻으면 활동하기 시작하는데 이것을 '사단의 역사를 받았다' 또는 '사단의 음성을 듣는다'고 합니다.

이렇게 사단의 음성을 들으면 생각을 통해 각종 죄를 범하고 나아가 행함으로 죄를 짓게 됩니다. 미움이나 시기와 같은 비진리의 속성이 사단의 역사를 받으면 상대에게 해를 끼치고자 하는 마음으로 발전하고, 결국 살인과 같은 악한 행함으로까지 나오는 것입니다.

생각의 통로를 통해 역사하는 사단

사람의 마음에는 진리의 마음과 비진리의 마음이 있습니다. 하나님의 자녀가 되면 성령께서 마음 안에 내주하심으로 진리의 마음을 주관합니다. 성령의 음성이 마음 안에서 들려오는 것이지요. 반면에 사단은 외부로부터 역사하기 때문에 사람의 마음 안으로 침투하기 위해서는 통로가 필요합니다. 그 통로가 바로 생각입니다.

사람은 보고 듣고 배운 것을 느낌과 함께 받아들여 머리와 마음에 담는데 그것이 어떤 상황이나 조건을 만나면 다시 떠오릅니다. 이것을 '생각'이라고 했지요. 살면서 어떤 내용을 느낌과 함께 입력하느냐에 따라 떠오르는 생각도 다릅니다. 똑같은 상황을 만난다 해도 진리로만 입력한 사람은 진리의 생각이 먼저 떠오르지만, 비진리를 많이 입력한 사람은 당연히 비진리의 생각이 먼저 떠오르게 됩니다.

대부분의 사람은 진리인 하나님 말씀으로 교육받은 것이 아니므로 마음에 비진리가 더 많습니다. 사단은 그러한 사람을 주관하여 비진리의 생각, 즉 육신의 생각을 하게 만듭니다. 그래서 사단의 역사를 받으면 진리인 하나님의 법에 순종할 수 없을 뿐만 아니라 죄의 종으로서 결국 사망에 이르는 것입니다(롬 6:16, 8:6~7).

사단이 마음을 주관하는 경우

일반적으로 사단은 생각이라는 통로를 통해 외부에서 역사하지만 예외적인 경우도 있습니다. 예를 들어, 예수님의 열두 제자 중 한 사람이던 가룟 유다에게는 '사단이 들어갔다'고 표현합니다. 여기서 사단이 들어갔다는 것은 생각을 통해 사단의 역사를 계속 받아들여 점차 마음을 내주고 마침내는 온통 사단에게 사로잡혔다는 뜻입니다.

가룟 유다는 예수님을 따라다니며 놀라운 권능을 체험하고 선한 가르침을 받았지만 탐심을 버리지 못하니 돈궤를 맡은 자로서 하나님의 재정을 도둑질하였습니다(요 12:6). 또한 메시아로 오신 예수님께서 왕위에 오르면 자신도 큰 권세와 영화를 얻게 되리라는 탐욕이 마음 안에 자리 잡고 있었지요. 그런데 막상 현실은 자신의 기대와 맞지 않으니 한 번, 두 번, 사단에게 생각을 내주게 되었고, 결국 마음까지 온통 빼앗겨 은 삼십에 스승을 팔아 버린 것입니다. 이처럼 사단이 직접 마음을 주관하는 경우를 '사단이 들어갔다'고 표현합니다.

또 사도행전 5장 3절을 보면 성령을 속이고 땅값의 일부를 감춘 아나니아 부부에게 베드로가 '사단이 마음에 가득하다'고 말합니다. 이는 그들에게 이와 비슷한 일이 이미 여러 차례 있었기 때문입니다. 그러므로 '사단이 들어갔다'거나 '사단이 가득하다'는 말은 사단의 마음이 그 사람 안에도 있어 사단의 분신과 같이 되었다는 뜻입니다.

영안이 열려서 보면 사단은 검은 안개와 같이 보입니다. 사단의 역사를 심하게 받는 사람은 주변에 검은 안개와 같은 기운이 드리워져 있습니다. 사단의 역사를 받지 않으려면 무엇보다도 비진리에 속한 생각을 차단해야 합니다. 나아가 비진리의 마음을 뽑아내 사단의 전파를 받아들일 안테나를 근본적으로 제거해야 하지요.

마귀와 귀신

마귀는 루시퍼와 함께 타락한 천사 중의 일부로서 사단과 달리 실질적인 형태를 가지고 있습니다. 검은 형상에 사람이나 천사처럼 이목구비가 있고 손과 발도 있지요. 구원받은 하나님의 자녀에게 돕는 천사가 있듯이 진리 안에 살지 못하는 사람들에게 온갖 죄를 행하도록 역사하며, 여러 가지 시험 환난을 가져다주는 것이 마귀입니다.

그렇다고 해서 마귀가 사람에게 직접 들어가서 역사하는 것은 아닙니다. 루시퍼는 마귀들을 지시해서 어둠 가운데 마음을 내준 사람들을 주관하여 사람으로서는 도저히 행할 수 없는 악행을 저지르게 합니다. 심지어 마귀가 사람을 사로잡고 자신의 도구로 사용하는 경우도 있습니다. 무당, 박수, 술객같이 자신의 영혼을 판 사람들은 마귀로부터 조종을 받아 그들의 충실한 하수인 노릇을 합니다. 마귀의 조종을 받아 자신뿐 아니라 다른 사람까지도 마귀 짓을 하게 만들지요. 그래서 성경은 죄를 짓는 사람에 대해 마귀에게 속했다고 말합니다(요 8:44 ; 요일 3:8).

요한복음 6장 70절에는 예수님께서 제자들에게 "내가 너희 열둘을 택하지 아니하였느냐 그러나 너희 중에 한 사람은 마귀니라" 하셨습니다. 장차 예수님을 팔 가룟 유다에 대해 말씀한 것으로 이처럼 죄의 종이 되어 구원과는 상관이 없는 사람을 가리켜 마귀 또는 마귀의 자식이라고 합니다. 사단이 가룟 유다에게 들어가 마음을 주관하니 예수님을 파는 마귀 짓으로 나온 것입니다. 사단의 지시를 받는 마귀는 중간 관리자와 같이 수많은 귀신을 관리하고 지시하여 사람들에게 갖가지 질병과 고통을 주며 점점 더 악으로 빠지게 만듭니다.

사단과 마귀와 귀신 사이는 서로 수직관계이면서 동시에 상호 긴밀한 삼각관계가 형성되어 있습니다. 먼저 사단은 사람의 생각을 통해 마귀가 활동할 수 있는 길을 열어 놓습니다. 그 다음에는 마귀가 역사하여 갖가지 육체의 일과 마귀 짓을 하도록 만들어 갑니다. 생각을 통해 사주하는 것이 사단의 역사이며 행동으로 옮기도록 만드는 것이 마귀의 역사이지요. 나아가 악한 행동이 정도를 넘어서면 이내 귀신이 들어가 역사합니다. 귀신이 사람에게 들어가면 자신의 의지와 상관없이 귀신의 꼭두각시 노릇을 합니다.

성경은 귀신이 악한 영에 속해 있지만 루시퍼와 함께 타락한 천사들과는 별개임을 암시합니다(시 106:28 ; 사 8:19 ; 행 16:16~19 ; 고전 10:20). 그들도 원래는 영혼육을 가진 사람이었기 때문입니다. 이 땅에서 경작받다가 구원받지 못하고 죽은 영혼 가운데 일부가 특별한 조건 하에 세상으로 나오는데 그들이 바로 귀신입니다. 사람들은 악한 영의 세계에 대해 분명한 인식을 갖고 있지 않습니다. 하지만 악한 영들은 하나님께서 정한 최후의 날까지 어찌하든 더 많은 사람을 멸망의 길로 이끌고자 호시탐탐 노리고 있습니다.

그래서 베드로전서 5장 8절에 "근신하라 깨어라 너희 대적 마귀가 우는 사자같이 두루 다니며 삼킬 자를 찾나니" 했고, 에베소서 6장 12절에는 "우리의 씨름은 혈과 육에 대한 것이 아니요 정사와 권세

와 이 어두움의 세상 주관자들과 하늘에 있는 악의 영들에게 대함
이라” 했습니다. 어둠의 세력이 원하는 대로 살아간다면 결국 사망
으로 갈 수밖에 없으니 항상 근신하고 깨어 있어야 합니다.

Chapter 2

나

자기 의는 세상의 비진리를 진리로 잘못 알고 가르침 받으며 생깁니다.
또 자기 의가 굳어지면서 틀을 만들게 됩니다.
자기 틀이란 자기가 옳다고 하는 의가 나름대로 체계가 잡혀 굳어진 것입니다.

'나' 라는 존재가 만들어지기까지

자기 의와 틀

진리에 속한 혼의 작용을 하려면?

나는 날마다 죽노라

제가 주님을 영접하기 전의 일입니다. 질병으로 하루하루 힘겹게 투병생활을 할 당시 유일한 소일거리는 무협지를 읽는 일이 고작이었습니다. 무협지는 주로 복수극에 관한 내용입니다.

주인공이 젖먹이 시절에 부모가 누군가에게 억울하게 살해됩니다. 이때 주인공은 하인의 손에 이끌려 간신히 피신했다가 성장하면서 무술의 대가를 만납니다. 건장한 체격을 갖추며 부지런히 무술을 닦아 고수가 된 다음 원수를 갚는다는 것입니다. 이렇게 무협지에서는 생명을 걸고라도 원수를 갚는 것이 의로운 것이며 영웅적인 행동으로 가르칩니다. 그러나 성경에 기록된 예수님의 가르침은 세상의 가르침과는 차원이 다릅니다.

"네 이웃을 사랑하고 네 원수를 미워하라 하였다는 것을 너희가 들었으나 나는 너희에게 이르노니 너희 원수를 사랑하며 너희를 핍박하는 자를 위하여 기도하라 이같이 한즉 하늘에 계신 너희 아버지의 아들이 되리니"(마 5:43~45)

당시 저는 주변에서 "법 없이도 살 사람이다."라는 말을 들을 정도로 나름대로 선하고 정직하게 살았습니다. 하지만 주님을 영접한 뒤 부흥성회에 참석해서 하나님 말씀으로 비춰보니 잘못된 것이 참으로 많았습니다. 언어와 행동, 생각과 양심이 전부 엉터리였음을 발견하였기에 너무나 부끄러웠습니다. 그동안 잘못 살아왔음을 깨닫고 하나님 앞에 통회자복하였습니다.

그 후 말씀에 어긋나는 내 의와 틀을 발견하여 깨뜨리기에 힘썼습니다. 이전에 만들어 놓았던 자아는 무(無)로 돌리며 철저히 부인했습니다. 성경을 읽으면서 자신을 진리에 비추어 다시 만들어 나갔지요. 마음속에 있는 비진리를 버리기 위해 수시로 금식하며 쉬지 않고 기도하니 점점 악이 버려졌고, 성령의 음성을 듣고 주관을 받아 나갈 수 있었습니다.

'나'라는 존재가 만들어지기까지

그렇다면 사람은 어떻게 자신의 마음이나 가치관을 만들어 가는 것일까요? 먼저는 선천적으로 물려받은 부분이 있습니다. 부전자전이라는 말이 있듯이 자녀는 부모를 닮게 마련입니다. 부모의 생김새나 습관, 성품, 유전적 형질 등을 닮아 태어나기 때문입니다.

사람은 부모의 핏줄을 타고 태어난다고도 하는데 영적으로 근본을 찾아 들어가면 피가 아닌 기를 받아 태어납니다. 기는 '사람의 전신에서 나오는 진액의 결정체'를 말합니다. 하루는 제가 섬기는 교회에서 어느 가족을 만났는데 아들의 입 위에 큰 점이 있었습니다. 어머니는 자신의 입 위에도 큰 점이 있었는데 제거하는 시술을 받았다 했습니다. 그럼에도 아들에게 유전된 것입니다.

이처럼 사람의 정자와 난자 안에는 각 사람의 기가 담겨 있습니다. 각 사람의 외모는 물론 성품, 체질, 지능, 습관 등 모든 것이 종합적으로 들어 있지요. 아버지의 기가 강하면 아버지의 기를, 어머니의 기가 강하면 어머니의 기를 많이 닮습니다. 그래서 각 사람의 마음이 다릅니다.

또한 자라면서 혼에 입력되는 것이 마음에 심어지면서 마음밭이 형성되어 갑니다. 다섯 살쯤 되면 보고 듣고 가르침 받는 것을 통해 자기를 만들어 나가기 시작합니다. 열두 살쯤 되면 가치 판단 기준을 세우며 열여덟 살 정도가 되면 자기를 굳혀 나갑니다. 그런데 우리가 자라면서 옳지 않은 것도 마치 옳은 것처럼 입력하는 경우가 많습니다.

태어나면서부터 보고 듣고 가르침 받은 것 중에는 비진리가 많이 있지요. 학교 교과 과정을 보면 덧셈, 뺄셈이나 구구단 등 살아가는 데 유익하며 옳은 것도 있지만 진화론과 같이 옳지 않은 것도 있습니다. 부모가 자녀를 가르칠 때에도 비진리를 옳은 것처럼 교육하는 경우가 있습니다. 자녀가 밖에서 친구와 놀다가 맞고 돌아오면 부모는 속상해하며 야단칩니다.

"너는 왜 똑같이 밥 세 끼를 먹으면서 맞고 다니냐? 한 대 맞았으면 너는 두 대를 때려 줘라."

"너는 손이 없니? 발이 없니?"

친구에게 맞고 오면 이처럼 야단맞는 것은 물론 바보 취급을 당하니 과연 아이의 양심은 어떻게 만들어질까요? 누군가에게 맞는 것은 바보요 잘못된 것이라는 생각이 자기 의가 되고 양심이 됩니다. 누가 나를 때리면 나는 더 세게 때려 주는 것이 옳다는 양심이 만들어지는 것입니다. 악을 선으로 알고 입력시키게 되지요.

그런데 진리를 좇는 부모라면 어떻게 가르치겠습니까? 어떻게 된 상황인지 확인하고 화목할 수 있도록 선과 진리로 가르칩니다.

"얘야! 네가 참아라, 혹시 네가 잘못한 것은 없니? 하나님 말씀처럼 선으로 악을 이겨야 한단다."

이렇게 모든 환경 속에서 하나님 말씀으로만 교육받는다면 아이는 성장하면서 올바른 양심을 가질 수 있을 것입니다. 하지만 그러지 못하고 가정에서부터 부모가 자연스럽게 자녀에게 비진리와 거짓말을 가르치는 경우가 얼마나 많습니까. 부모가 거짓말을 잘하면 자녀도 자연히 닮아갑니다. 집에 전화가 왔는데 딸이 받았습니다. 딸은 상대방이 듣지 못하도록 전화기를 손으로 막고 말합니다.

"아빠, 옆집 아저씨가 바꿔 달래요!"

"아빠 지금 없다고 해라. 집에 들어오지 않았다고 해라."

이런 일이 빈번하니 딸은 전화가 와도 곧바로 바꿔주는 것이 아니라 먼저 확인하는 것이지요. 이렇게 부모가 거짓말을 가르치니 자녀는 저절로 거짓말쟁이가 됩니다. 이처럼 성장하면서 많은 사람으로부터 옳지 않은 가르침을 받아온 데에다 자기 느낌 속에 판단 정죄하며 스스로 잘못 키워온 분야가 많기 때문에 하나님 보시기에 옳지 않은 양심이 만들어집니다.

뿐만 아니라 많은 사람이 자기 중심적으로 살아갑니다. 내 유익을 좇아 나만 옳다는 생각 속에 살아가지요. 상대의 마음이나 생각이 자기 기준에 비추어 맞지 않으면 잘못된 것이라고 생각합니다. 하지만 상대편에서 보면 피장파장입니다. 이러한 사고방식을 가지면 서로 간에 의견일치가 어렵습니다. 가까운 부부 사이나 부모와 자녀 간에도 마찬가지입니다. 대부분의 사람이 이렇게 '나'를 만들어 놓았기 때문에 그러한 '나'를 꼭 옳다고 주장할 수는 없습니다.

자기 의와 틀

많은 사람이 육에 속한 혼의 작용을 통해 자신의 판단 기준과 가치관을 형성하고 점점 자기 의와 틀 속에 살아갑니다. 자기 의란 자기가 옳다고 주장하는 것입니다. 자기 의는 주로 세상의 비진리를 진리인 줄로 잘못 알고 가르침 받으며 생깁니다. 자기 의가 있으면 자신이 옳다고 여기는 데 그치지 않고 다른 사람에게까지 자기 주장을 관철시키려고 합니다.

이러한 자기 의가 굳어지면서 틀을 만들게 됩니다. 틀이란 자기가 옳다고 하는 의가 나름대로 체계가 잡혀 굳어진 것입니다. 자기의 틀은 성격, 취향, 교양, 이론, 생각 등을 토대로 만들어집니다. 가령, A와 B 양쪽을 모두 수용할 수 있는 상황에서 "A만 옳다." 또는 "B만 옳다."라고 생각하는 자기만의 관점이 굳어지면 '자기의 틀'이 됩니다.

대부분의 사람에게는 '나는 이런 사람이 좋다.'며 선호하는 유형
이 있습니다. 그래서 선호하는 유형에게는 호의적이지만 반대 유형
과는 잘 어울리지 못하는 경향이 있습니다. 이 또한 자기의 틀에 맞
추기 때문입니다.

이러한 자기 의와 틀은 일상생활 속에서 다양한 모습으로 나타
납니다. 남녀가 결혼하여 함께 살다 보면 사소한 일로 다투는 경
우가 생깁니다. 남편은 치약을 아래에서부터 짜야 된다고 생각하는
반면, 아내는 아무 곳이든 편한 대로 짜는 습관이 있습니다. 이때
서로가 자신이 원하는 방식을 고집하면 부딪힘이 생기게 마련입니
다. 지금까지 성장하면서 몸에 밴 습관이라고 하는 틀이 서로 맞지
않기 때문입니다.

또 직장에서 일을 할 때에 남의 도움 없이 자신의 힘과 능력으로
만 하려는 사람이 있습니다. 그중에는 다른 사람을 무시해서라기
보다 어려운 환경 가운데 성장하다 보니 혼자 하는 것이 몸에 밴
사람도 있지요. 이런 사람에 대해 '교만하다'든가 '자기 중심적'이
라고 섣불리 판단한다면 이것도 하나의 틀에 의한 것입니다.

자기 의와 틀은 진리에 비춰 보면 대부분 옳지 않습니다. 이는 결
국 상대를 섬기지 못하고 자기 유익을 구하는 비진리의 마음에서
비롯된 것이기 때문입니다. 하나님 말씀대로 살아간다는 사람 중에
서도 스스로 잘 깨우치지 못하는 자기 의와 틀이 있습니다.

하나님 말씀을 듣고 어느 정도 비진리를 버렸으며, 스스로 진리를

안다고 생각하니 그 안다는 것으로 '자기 의'가 드러나기 시작합니다. 이제는 남들이 신앙생활 하는 모습도 눈에 들어오고 자신이 상대보다 낫다는 비교 의식도 생깁니다. 전에는 상대의 장점만 보였는데, 점점 부족함이 보입니다. 자신의 의견만을 고집하면서도 "하나님의 나라에 더 유익이 되기 때문에 그랬다." 말하지요.

또 어떤 사람은 마치 자신이 모든 것을 다 알고 의로운 것처럼 말합니다. 입만 열면 다른 사람의 허물을 말하며, 시시콜콜 비판합니다. 자신의 단점은 보이지 않고 다른 사람의 허물만 보이는 것입니다.

우리가 온전히 진리로 변화되기 전에는 누구나 자기 의와 틀이 있습니다. 마음에 악이 있는 만큼 진리에 속한 혼의 작용보다는 비진리에 속한 혼의 작용을 하며 자기 의와 틀 속에 판단 정죄하게 됩니다. 우리가 영적 성장을 하려면 이렇게 비진리에 속한 자신의 생각과 이론을 모두 무(無)로 돌리고 자기 의와 틀을 깨뜨리며 진리에 속한 혼의 작용을 해야 합니다.

진리에 속한 혼의 작용을 하려면?

비진리에 속한 혼의 작용을 진리에 속한 혼의 작용으로 바꿔나갈 때 영적으로 성장하며 하나님을 닮은 참 자녀로 변화될 수 있습니다. 그러면 우리가 진리에 속한 혼의 작용을 하기 위해서는 어떻게 해야 할까요?

첫째로, 모든 것을 진리의 기준으로 분별해야 합니다.

사람마다 옳고 그름을 분별하는 양심이 다르고 세상에서 옳다 여기는 가치 판단의 기준도 시간과 장소, 문화에 따라 다릅니다. 자신이 아무리 올바르게 행했다 해도 가치관이 다른 사람이 볼 때에는 얼마든지 옳지 않은 행동으로 여길 수 있습니다.

우리는 서로 다른 환경과 문화 가운데 가치관이나 교양을 만들었기 때문에 자신의 기준으로 다른 사람을 판단해서는 안 됩니다. 옳고 그름을 분별할 수 있는 참된 기준은 하나님 말씀입니다. 세상 사람이 진리라고 생각하는 것 중에는 성경 66권의 진리와 일치하는 것도 있지만 그렇지 않은 것도 많습니다. 가령, 절친한 친구가 죄를 지었는데 다른 사람이 억울하게 누명을 썼습니다. 이때 친구의 잘못을 눈감아 주는 것이 의리라고 생각할 수 있으나 다른 사람의 억울함을 알면서도 침묵한다면 옳은 일이 아닙니다.

저는 주님을 영접하기 전에 식사 시간에 이웃집을 방문할 때에는 아직 식사 전이지만 "식사하고 왔습니다."라고 말했습니다. 상대의 마음을 편안케 하려고 거짓말한 것이기 때문에 잘못이라고 생각하지 않았지요. 그런데 영적으로 볼 때 이것이 죄는 아니지만 하나님 앞에 진실이 아니기 때문에 흠이 될 수 있습니다. 이런 사실을 깨달은 뒤에는 "식사 전이지만 밥 생각이 없습니다."라거나 다른 표현을 사용했습니다.

모든 것을 진리로 분별하려면 진리의 말씀을 열심히 듣고 배우며 양식 삼아야 합니다. 부지런히 하나님 말씀인 성경을 읽고 세상에서 비진리로 입력한 것을 벗어 버려야 하지요. 사람이 보기에 아무리 옳고 지혜로운 것이라 해도 말씀과 어긋난 것은 모두 버려야 합니다.

둘째로, 진리에 합당하게 느껴야 합니다.

진리에 합당한 느낌을 갖기 위해서는 처음에 어떻게 입력하느냐가 매우 중요합니다. 예전에 제가 목격한 일인데 어느 부모가 아이를 책망하면서 "네가 그렇게 행동하면 목사님에게 혼난다."라고 가르쳤습니다. 자신이 섬기는 목사님을 아이에게 무서운 사람으로 입력시키는 것이지요. 이런 아이는 성장하면서 목사님께 은혜받기가 어려우며 가까이하기를 꺼립니다.

오래전에 어느 영화에 이런 장면이 있었습니다. 한 소녀가 어릴 때부터 코끼리와 매우 친했습니다. 코끼리는 소녀의 목에 코를 감고 장난하곤 했지요. 하루는 소녀가 잠을 자는데 독사가 와서 목을 감았습니다. 만약 독사인 줄 알았다면 얼마나 놀라고 두려웠을까요? 그런데 소녀는 눈을 감은 상태에서 자기의 목을 감은 것이 코끼리의 코라고 생각하여 놀라지 않았으며 오히려 친근하게 느꼈습니다.

이처럼 생각에 따라 느낌이 달라집니다. 지렁이나 지네를 징그럽다고 질색하는 사람도 그것을 잡아먹는 닭으로 만든 요리는 좋아합니다. 무엇이든지 생각하기 나름이지요. 그러니 자신의 기준에 맞지 않는 사람을 만났을 때라도 좋게 생각하고 좋은 느낌으로 받아들여야 합니다.

우리가 범사에 진리로 생각하고 느끼기 위해서는 무엇보다 선한 것을 보고 선으로 입력시켜야 합니다. 오늘날 매스컴이나 인터넷에서 잔인하고 폭력적인 것, 선정적인 것, 거짓, 배신, 자기 유익을 구하는 것 등 악한 것을 많이 접할 수 있기 때문에 경계해야 합니다. 가능한 한 이런 것은 보지 않으며 혹 보았다 해도 진리로, 선으로 입력해야 합니다. 이미 비진리로 입력된 느낌은 진리의 느낌으로 바꿔 나가야 한다 했지요.

예를 들어, 귀신이나 드라큘라 등의 무서운 이야기를 듣고 성장한 사람은 공포의 느낌이 입력되어 있습니다. 그래서 밤에 혼자 있을 때 괜히 오싹한다거나 별일 아닌 것에 깜짝 놀랍니다. 그런데 우리가 빛 가운데 살면 하나님께서 지켜 주시므로 악한 영들이 우리를 만질 수 없고, 오히려 우리에게서 나오는 영적인 빛으로 인해 두려워 떱니다. 이러한 악한 영의 정체를 알면 느낌을 바꿀 수 있습니다. 그것이 두려운 존재가 아님을 마음에서 깨달으니 느낌이 바뀌는 것입니다. 어둠의 세계를 지배할 수 있으니 설사 귀신이 나타날지라도 예수 그리스도의 이름으로 물리쳐버리면 그만입니다.

느낌이 잘못 입력된 사례를 한 가지 더 살펴보겠습니다. 약 20년 전 성도들과 함께 성지순례를 할 때였습니다. 그리스 올림픽 경기장에 가니 남성의 나체상이 서 있었습니다. 나체상에는 국민이 건강해야 나라도 강해질 수 있다며 운동을 권장하는 의미의 글이 새겨져 있었습니다. 그때 그 동상을 바라보는 우리 일행과 유럽 관광객의 표정이 눈에 들어왔습니다.

일행 중 어떤 여 성도는 아무렇지 않게 그 앞에서 사진을 찍었지만 얼굴이 빨개지면서 고개를 돌리는 사람도 있었습니다. 마치 보아서는 안 될 것을 본 것처럼 얼른 자리를 피했습니다. 그런데 그것을 보며 얼굴이 빨개진 것은 마음에 간음이 있기 때문입니다. 평소 벌거벗은 몸에 대한 느낌을 나쁘게 입력해 놓았기 때문에 그 느낌이 떠오른 것입니다. 그런 사람은 열심히 감상하는 사람을 못마땅하게 여길 수도 있습니다. 하지만 유럽 사람들은 낯빛이 변하거나 쑥스러워하는 기색이 전혀 없었습니다. 하나의 예술품으로 인식하고 감상하는 것이기 때문입니다.

그러니 유럽 사람은 수치심을 느끼지 못하는 사람이라고 판단해서는 안 됩니다. 서로 다른 문화를 이해하고 비진리의 느낌을 진리의 느낌으로 바꾸면 부끄럽거나 민망하지 않습니다. 하나님께서 아담이 육을 모를 때에는 옷을 입을 필요 없이 벗고 살게 하셨습니다. 간음이나 죄가 없었으며 그것이 더 아름다웠기 때문입니다.

셋째로, 범사에 상대의 입장에서 받아들여야 합니다.

우리가 어떤 말을 듣거나 상황을 볼 때 자신의 입장과 경험, 사고방식으로 받아들이면 비진리의 혼의 작용이 일어납니다. 자기의 생각에 맞춰 상대의 말을 가감하기도 하고 판단 정죄하거나 오해하여 감정을 품는 것이지요.

사고로 부상을 입은 사람이 주변에 끊임없이 고통을 호소한다고 합시다. 이때 그런 고통을 겪어 보지 못했거나 인내심이 강한 사람

편에서는 엄살이 심하다고 생각할 수 있습니다. 이렇게 자기의 입장과 경험에 맞춰 상대를 바라보면 비진리에 속한 혼의 작용이 나오는 것입니다. 반대로 상대의 입장에서 받아들이면 '얼마나 아프면 저럴까?' 하면서 그를 이해하게 됩니다.

이처럼 상대의 입장을 이해하고 포용하면 모든 사람과 더불어 화평함을 좇을 수 있습니다. 어떤 사람도 밉거나 불편하지 않습니다. 설령 상대로 인해 자신이 해를 입는다 해도 상대의 입장을 먼저 생각하기 때문에 싫어하는 것이 아니라 여전히 사랑하고 긍휼히 여길 수 있습니다. 십자가에 달려 죽으신 예수님의 사랑을 알고 하나님의 은혜를 알면 능히 원수까지라도 사랑하게 됩니다. 스데반 집사가 그러했지요. 그는 아무 잘못 없이 돌에 맞아 죽어가면서도 자신에게 돌을 던지는 사람들의 죄를 용서해 달라고 기도했습니다.

그런데 우리가 진리에 속한 혼의 작용을 하려고 할 때 마음먹은 대로 쉽게 되지 않는 경우가 많습니다. 그러므로 자신의 생각과 느낌, 말과 행실을 늘 점검하면서 혼의 작용을 진리로 바꿔 나가기 위해 부단히 노력해야 합니다. 불같이 기도하며 열심히 노력하면 하나님 은혜와 능력, 성령의 도움을 받아 진리에 속한 혼의 작용만 할 수 있습니다.

나는 날마다 죽노라

사도 바울은 자기 의와 틀이 강하여 그리스도인을 핍박했던 사람입니다. 그러나 주님을 만난 뒤 자기 의와 틀이 잘못되었음을 깨닫고 그동안 쌓아온 모든 것을 배설물로 여길 만큼 철저히 자신을 내려놓습니다. 처음에는 선을 행하기 원하는 자신에게 악이 함께 있음을 깨닫고 마음의 갈등이 심했습니다(롬 7:24). 그러나 그리스도 예수 안에 있는 생명의 성령의 법이 죄와 사망의 법에서 자신을 해방하였음을 믿고 하나님께 감사의 고백을 합니다.

"우리 주 예수 그리스도로 말미암아 하나님께 감사하리로다 그런즉 내 자신이 마음으로는 하나님의 법을, 육신으로는 죄의 법을 섬기노라"(롬 7:25)

"형제들아 내가 그리스도 예수 우리 주 안에서 가진바 너희에게 대한 나의 자랑을 두고 단언하노니 나는 날마다 죽노라"(고전 15:31)

'나는 날마다 죽노라' 했는데 이는 마음의 할례를 한다는 의미입니다. 곧 자존심, 자기주장, 미움, 판단, 혈기, 교만, 욕심 등 내 안에 있는 비진리를 버린다는 뜻이지요. 사도 바울은 그 고백대로 죄와 피 흘리기까지 싸워 버렸습니다. 이런 그에게 하나님께서 은혜와 능력을 주시니 성령의 도우심 속에 진리에 속한 혼의 작용만 하는 영의 사람으로 변화되었습니다. 그리하여 수많은 기사와 표적을 행하며 땅 끝까지 복음을 전하는 권능의 사도가 된 것입니다.

Chapter 3

육신의 일

사람이 생각 속에서 시기, 질투, 판단, 정죄, 간음하는 경우가 있습니다.
비록 겉으로 나타나지는 않았다 해도 마음에 비진리의 속성이 있기 때문입니다.

영이 죽은 사람은 혼이 주인이 되어 육을 다스리며 살아갑니다. 만일 갈증이 나서 음료수를 마시고 싶다면 혼이 명령하고 손이 지시를 받아 컵을 입에 대줍니다. 이때 누군가에게 불쾌한 말을 듣고 화가 나서 컵을 깨뜨리고 싶어졌다면 어떻게 혼의 작용이 일어난 것일까요?

이는 사단이 육에 속한 혼을 주관한 것입니다. 사람에게 비진리가 있는 만큼 원수 마귀 사단의 역사를 받습니다. 사람이 사단의 역사를 받아들이면 비진리의 생각을 하게 되고, 마귀의 역사를 받아들이면 비진리의 행동으로 나옵니다. 화가 나서 컵을 깨뜨리고 싶은 생각은 사단의 역사요, 실제로 손이 움직여 컵을 깨뜨렸다면 마귀의 역사입니다. 전자는 육신의 일이며 후자는 육체의 일이라 할 수 있습니다. 이처럼 비진리에 속한 혼의 작용과 행함이 나오는 이유는 아담의 범죄 이후 원수 마귀 사단이 심어 준 죄성이 사람의 몸과 결합되었기 때문입니다.

로마서 8장 13절에 "너희가 육신대로 살면 반드시 죽을 것이로되 영으로써 몸의 행실을 죽이면 살리니" 했습니다. 여기서 '죽는다'는 것은 영원한 사망, 곧 지옥을 뜻하므로 '육신'은 단순히 몸을 의미하는 것이 아니라 영적 의미가 있음을 알 수 있습니다.

그러니 '몸의 행실'도 우리가 앉고 일어서며 음식을 먹는 등 몸으로 하는 행동을 말하는 것이 아니지요. 여기서 '몸'은 하나님께서 사람에게 심어 주신 영의 지식이 빠져 나간 뒤에 남은 껍질 자체를 말합니다. 이러한 영적 의미의 몸을 좀 더 이해하기 위해서는 다시 첫 사람 아담에게로 돌아가야 합니다.

아담이 생령이었을 때에는 가치 있는 몸이요, 불멸의 존재였습니다. 늙거나 죽지 않고, 썩지도 않으며 빛나고 아름다운 영적인 몸을 갖고 있었습니다. 행실 또한 이 땅의 어떤 왕과도 비교할 수 없이 고귀하고 기품이 있었습니다. 그러나 아담의 불순종으로 죄가 들어온 뒤에는 짐승과 다를 바 없이 가치 없는 몸이 되었습니다. 육에 속한 모든 것이 그러하듯 비진리와 결합되니 늙고 병들며, 죽고 썩을 수밖에 없는 존재가 되고 만 것입니다.

한 가지 비유를 들어보겠습니다. 같은 컵이라도 그 안에 있는 내용물에 따라 가치가 달라질 수밖에 없습니다. 깨끗한 물이나 음료수가 담겨 있는 컵과 오물이 담긴 컵은 가치가 다릅니다. 아담의 몸도 마찬가지입니다.

생령 아담에게는 하나님께서 심어 주신 빛과 사랑, 선, 진실, 의

등 진리의 지식만 있었습니다. 그런데 사람의 영이 죽자 진리의 지식은 점차 빠져나가고 대신 원수 마귀 사단으로부터 육적인 것을 공급받아 비진리로 물든 몸이 되었습니다. 그러니 행실 또한 몸 안에 가득 담겨 있는 비진리를 좇아 변질될 수밖에 없었습니다. '영으로써 몸의 행실을 죽이라'는 말씀에서 말하는 몸의 행실은 이렇게 비진리가 몸에 결합되어 나오는 행실입니다.

예를 들어, 기분이 나쁘면 주먹부터 올라간다거나 화가 나면 문을 쾅쾅 닫으며 행동이 거칠어지는 사람이 있습니다. 말을 할 때마다 욕이 들어가는 사람도 있고 이성을 대할 때 음욕이 가득한 눈빛과 몸짓을 하는 사람도 있습니다.

몸의 행실에는 명백한 범죄 행동뿐만 아니라 온전하지 않은 모든 행실도 포함됩니다. 어떤 사람은 대화할 때 상대를 툭툭 치거나 무의식중에 손가락질합니다. 말하다 보면 언성이 높아져 마치 싸우는 것처럼 보이는 사람도 있지요. 이런 것은 사소한 일처럼 보이지만 근본적으로는 비진리가 몸에 결합되어 나오는 행실입니다.

성경에는 '육신'이라는 단어가 많이 나옵니다. 요한복음 1장 14절에 "말씀이 육신이 되어 우리 가운데 거하시매" 하신 말씀에서 육신이란 사람의 몸을 의미합니다. 이렇게 문자적인 의미로 쓰인 경우도 있지만 영적인 의미로 쓰인 경우가 더 많습니다.

로마서 8장 5절을 보면 "육신을 좇는 자는 육신의 일을, 영을 좇는 자는 영의 일을 생각하나니" 했고, 로마서 8장 8절에는 "육신에 있는 자들은 하나님을 기쁘시게 할 수 없느니라" 말씀합니다.

여기서 '육신'이란 영적인 의미로 '몸과 결합된 죄성'을 말합니다. 곧 '진리가 빠져나가 버린 사람의 몸과 죄성이 결합된 것'을 의미하지요. 원수 마귀 사단이 여러 가지 죄성을 사람에게 심어 주니 이것이 몸과 결합된 것입니다. 이처럼 아직 겉으로 나타나지는 않았으나 언젠가는 행함으로 유발될 수 있는 비진리의 속성이 육신이지요.

그리고 이러한 육신을 낱낱이 분해해 놓은 것을 육신의 일이라고 합니다. 미움, 시기, 질투, 거짓됨, 간사함, 교만, 혈기, 판단, 정죄, 간음, 욕심과 같은 죄성을 통틀어 '육신'이라 하고, 그 하나하나를 따로 말할 때에는 '육신의 일'이라 하는 것입니다.

'육신이 약하도다' 말씀의 의미는?

예수님께서 겟세마네 동산에서 밤새 기도할 때 제자들은 잠들어 있었습니다. 이때 베드로에게 "시험에 들지 않게 깨어 있어 기도하라 마음에는 원이로되 육신이 약하도다"(마 26:41) 말씀했습니다. 이는 제자들의 몸이 약하다는 의미가 아닙니다. 베드로는 어부 출신으로 건장한 편이었지요. 그렇다면 육신이 약하다는 것은 어떤 의미일까요?

베드로는 아직 성령을 받지 못한 상태였으며 죄를 다 벗어 버리지 못한 사람으로서 영에 속한 육을 이루지 못했던 것입니다. 사람이 죄를 버리고 영으로 들어가면, 곧 영의 사람, 진리의 사람이 되면 혼이나 육이 영의 지배를 받습니다. 따라서 육이 아무리 피곤해도 마음이 깨어 있기 원할 때에는 잠들지 않을 수 있습니다.

하지만 베드로는 영으로 들어간 상태가 아니었기 때문에 깨어 있고자 해도 피곤이나 게으름 같은 육의 속성을 다스릴 수 없었습니다. 이로 인해 육의 한계에 머무를 수밖에 없었으며, 이를 '육신이 약하다' 말씀하신 것입니다.

그러나 주님께서 부활 승천하신 후 성령을 받은 베드로는 육의 속성을 지배했을 뿐 아니라 많은 사람의 질병을 고쳐 주고 죽은 사람도 살려냈습니다. 강하고 담대한 믿음으로 복음을 전했고 십자가에 거꾸로 달려 순교하기까지 했지요.

예수님의 경우, 제대로 드시거나 주무시지도 못하고 밤낮없이 하나님 나라와 의를 전하며 병자들을 치료해 주셨습니다. 하지만 영이 육을 지배했기 때문에 피곤할 수밖에 없는 상황에서도 땀이 핏방울같이 되도록 간절히 기도하실 수 있었습니다. 예수님은 원죄나 자범죄가 없는 분입니다. 따라서 영으로 육을 능히 지배하고 다스릴 수 있었던 것입니다.

간혹 잘못을 한 뒤 '육신이 약해서'라며 변명하는 사람이 있습니다. 진리를 잘 모르기 때문입니다. 예수님께서 십자가에 못 박혀 보혈을 흘려 주심으로 우리의 죄뿐 아니라 연약함까지 다 담당해 주셨다는 사실을 알아야 합니다. 믿음을 갖고 말씀에 순종하며 살아가면 영육 간에 강건함을 입고 사람의 한계를 뛰어넘는 일도 능히 할 수 있습니다. 더구나 성령이 오셔서 도우시니, 육신이 약하여 기도를 못한다거나 죄를 지을 수밖에 없다고 합리화해서는 안 됩니다.

육신의 일은 마음으로 짓는 죄

사람에게 육신이 있으면, 곧 몸에 죄성이 결합되어 있으면 생각과 마음으로 죄를 범하는 것은 물론 행함으로 나옵니다. 마음에 거짓된 속성이 있으면 자신에게 불리한 상황을 만나면 상대를 속이는 말과 행동으로 나오지요. 비록 행함으로 나오지 않았다 해도 마음속으로 죄를 범했다면 이것이 육신의 일입니다.

만일 이웃 사람이 가진 보석을 보고 "저것을 갖고 싶다, 주인 몰래 가져오고 싶다."라고 생각하며 탐심을 품었다면 벌써 마음으로 죄를 지은 것입니다. 대부분의 사람들은 마음으로 짓는 죄는 죄라고 생각지 않습니다. 그러나 하나님은 중심을 보시며, 원수 마귀 사단도 사람의 마음을 알기 때문에 육신의 일을 가지고 송사할 수가 있습니다.

마태복음 5장 28절에 예수님께서 "여자를 보고 음욕을 품는 자마다 마음에 이미 간음하였느니라" 하셨습니다. 요한일서 3장 15절에는 "그 형제를 미워하는 자마다 살인하는 자니 살인하는 자마다 영생이 그 속에 거하지 아니하는 것을 너희가 아는 바라" 했습니다. 마음으로 죄를 짓는 것은 이미 행함으로 나올 바탕을 마련한 것이기 때문입니다.

일례로 내가 어떤 사람을 미워하고 때리고 싶어도 겉으로는 미소를 띠며 사랑하는 척할 수 있습니다. 그러나 어떤 참을 수 없는 상황이 되면 미움이 폭발하여 혈기를 내거나 다투는 등 육체의 일로 발전합니다. 반면에 미움이라는 속성 자체를 빼내 버리면 상대가 나를 아무리 힘들게 해도 미움이 나오지 않습니다.

'육신대로 살면 반드시 죽을 것이로되' 말씀한 대로 육신의 일을 버리지 않으면 결국 육체의 일을 행하게 됩니다. 하지만 '영으로써 몸의 행실을 죽이면 살리니' 말씀한 대로 육신의 일을 하나하나 벗어 버리면 신령하고 거룩한 행실로 변화될 수 있습니다. 그러면 어떻게 해야 육신의 일, 육체의 일 등 육의 것들을 신속하게 버릴 수 있을까요?

"낮에와 같이 단정히 행하고 방탕과 술 취하지 말며 음란과 호색하지 말며 쟁투와 시기하지 말고 오직 주 예수 그리스도로 옷 입고 정욕을 위하여 육신의 일을 도모하지 말라"(롬 13:13~14)

"이 세상이나 세상에 있는 것들을 사랑치 말라 누구든지 세상을 사랑하면 아버지의 사랑이 그 속에 있지 아니하니 이는 세상에 있는 모든 것이 육신의 정욕과 안목의 정욕과 이생의 자랑이니다 아버지께로 좇아 온 것이 아니요 세상으로 좇아 온 것이라"(요일 2:15~16)

이 말씀을 통해 우리는 세상에 있는 모든 것이 육신의 정욕과 안목의 정욕, 이생의 자랑을 좇아 온 것임을 깨달을 수 있습니다. 정욕은 사람으로 하여금 썩어질 육을 취하게 만드는 원동력과 같습니다. 세상 것을 좋게 느끼고 사랑하며 취하게 만드는 강력한 지원군이기 때문입니다.

그러면 하와가 뱀의 미혹을 받았던 당시로 돌아가 보겠습니다.

"여자가 그 나무를 본즉 먹음직도 하고 보암직도 하고 지혜롭게 할 만큼 탐스럽기도 한 나무인지라 여자가 그 실과를 따먹고 자기와 함께한 남편에게도 주매 그도 먹은지라"(창 3:6)

하와가 하나님과 같이 될 수 있다는 사단의 말을 받아들이는 순간 욕심이라는 죄성이 들어와 육신으로 자리 잡았습니다. 그러자 선악과가 먹음직하다는 육신의 정욕과 보암직하다는 안목의 정욕, 지혜롭게 할 만큼 탐스럽게 느껴지는 이생의 자랑이 틈탑니다. 하와가 이러한 정욕을 받아들이니 선악과를 먹고 싶다는 마음이 들었고 결국 따먹고 말았습니다. 전에는 하나님 말씀을 거역할 마음이 전혀 없었는데 맛있어 보이고 아름답게 보이며 하나님과 같은 지혜를 얻고 싶다는 정욕이 동하니 충동을 참지 못하고 거역하게 된 것입니다.

이렇게 죄악이 좋아 보이고 사랑스럽게 느껴져 육신의 일이 나타나고 결국 육체의 일까지 범하도록 촉발시키는 역할을 하는 것이 바로 육신의 정욕, 안목의 정욕, 이생의 자랑입니다. 육의 것을 버리기 위해서는 가장 먼저 이 세 가지 속성을 끊어 버려야 합니다. 그런 후에 마음에서 육을 벗어 나가야 하지요.

만일 하와가 선악과를 먹는 것이 얼마나 큰 고통을 가져오는지 알았다면 그것이 보암직하고 먹음직하고 탐스럽게 느껴졌을 리 없습니다. 먹고 싶은 것이 아니라 만지기도, 바라보기도 싫었을 것입니다. 마찬가지로 우리가 세상을 사랑하는 것이 얼마나 고통을 주는지 알며 결국에는 지옥의 형벌이 기다린다는 것을 깨닫는다면 세상을 사랑하지 않을 것입니다. 죄에 물든 세상의 모든 것이 얼마나 무가치한지 깨달으면 육을 추구하는 마음을 쉽게 버릴 수 있습니다. 이에 대해 구체적으로 살펴보겠습니다.

육신의 정욕이란?

육신의 정욕이란 사람이 육신을 좇아 죄를 범하고자 하는 속성입니다. 육으로 타락한 사람의 마음에는 미움, 시기, 교만, 혈기, 게으름, 간음, 방탕, 탐심 등 죄의 속성 곧 육신이 있는데, 그러한 것이 유발될 수 있는 어떤 환경을 만나면 육신의 정욕이 나옵니다. 이로 인해 죄악이 좋아 보이고 사랑스럽게 느껴져서 육신의 일이 나오고 결국 육체의 일로 발전하지요.

예를 들어, 초신자가 술을 끊기로 결심했습니다. 그런데 아직 술을 마시기 원하는 육신의 일이 남아 있는 경우, 술자리에 가면 술을 마시고 싶은 강한 욕구가 일어납니다. 이러한 육신의 정욕이 사람을 충동하여 술을 마시려는 마음을 갖게 하고 술을 마시도록 만듭니다.

다른 예로, 판단과 정죄의 속성이 있으면 남의 소문 듣는 것을 좋아하고 다른 사람에게 전하며 수군수군하는 것이 재미있게 느껴집니다. 또 혈기가 있으면 기분 나쁠 때 화를 내는 것을 통쾌하고 시원하게 느낍니다. 분을 참으려 하면 부글부글 끓어올라 고통스럽습니다. 교만한 사람은 섬김받기 원하고 자신을 드러내 자랑하려 합니다. 탐심이 있으면 남에게 해를 입혀서라도 불의한 재물을 모으려고 하지요. 이러한 육신의 정욕은 죄를 행할수록 더욱 커집니다.

그러나 믿음이 여린 초신자라 해도 성도의 교제를 통해 은혜 받으며 기도생활을 잘하여 성령이 충만할 때에는 육신의 정욕이 쉽게 동하지 않습니다. 마음 한쪽에서 육신의 정욕이 생긴다 해도 진리로 물리칠 수 있지요. 반면에 기도를 쉬고 성령 충만이 떨어지면 원수마귀 사단이 육신의 정욕을 부추길 수 있는 틈을 내주게 됩니다.

그러면 육신의 정욕을 차단하기 위해서는 어떻게 해야 할까요? 한순간도 성령의 충만을 잃지 말아야 합니다. 육을 취하려는 마음보다 영을 추구하려는 마음을 강하게 유지할 수 있도록 자신을 지켜야 하는 것입니다. 베드로전서 5장 8절에 "근신하라 깨어라 너희 대적 마귀가 우는 사자같이 두루 다니며 삼킬 자를 찾나니" 하신 말씀대로 항상 영적으로 깨어 있어야 하지요.

그러기 위해서는 불같은 기도를 쉬지 않아야 합니다. 아무리 바쁘게 하나님의 일을 한다 해도 기도를 쉬면 성령 충만이 떨어지고 육신의 정욕이 틈탈 수 있습니다. 그래서 마음으로 죄를 짓고 자칫 육체의 일을 행할 수 있는 것입니다. 하나님의 아들이신 예수님도 습관을 좇아 기도하셨습니다. 친히 기도의 본을 보여 주셨을 뿐 아니라 이를 통해 항상 하나님과 교통하며 그 섭리를 이루어 가셨지요.

그런데 우리가 악을 다 버리고 성결의 차원에 들어가면 영으로 육을 지배하고 다스리므로 육신에 져서 죄를 범하는 일은 없습니다.

그러니 성결한 사람은 육신의 정욕을 차단하기 위해 기도하는 것이 아니라, 성령의 충만을 입고 권능으로 하나님 나라를 크게 이루기 위해 불같이 기도해 나갑니다.

만일 우리 몸에 배설물이 묻었다면 어떻게 할까요? 단지 물로만 닦아내는 것이 아니라 냄새까지 없애고자 비누칠해서 씻을 것입니다. 혹은 징그러운 벌레나 구더기가 옷에 붙어 있다면 기겁을 하며 털어내겠지요. 그런데 "입에서 나오는 것들은 마음에서 나오나니 이것이야말로 사람을 더럽게 하느니라"(마 15:18) 하신 대로 마음의 죄는 이보다 수백 배, 수천 배 더 냄새나고 추하고 더러운 것입니다. 사람의 뼈와 골수를 상하게 하고 고통스럽게 만듭니다.

일례로 아내가 남편이 외도하는 것을 알았다면 그 마음이 얼마나 고통스럽겠습니까? 반대의 경우도 마찬가지입니다. 다툼이 일어나고 가정의 평화가 깨지며 결국 파탄을 불러올 수도 있습니다. 이처럼 육신의 정욕은 죄를 낳고 불행한 결과를 가져오는 것이니 신속히 버려야 하겠습니다.

안목의 정욕이란?

눈으로 보고 귀로 듣는 것을 통해 마음이 동요되고, 세상의 것들을 추구하는 속성을 '안목의 정욕'이라 말합니다. 사람이 태어나서 성장하는 동안 보고 듣고 느끼는 일련의 과정을 통해 마음에 안목의 정욕이 들어옵니다. 곧 보고 듣는 모든 것이 마음에 작용하여 느낌으로 와 닿고, 그로 인해 안목의 정욕이 생기는 것이지요.

어떤 것을 보고 육의 느낌과 함께 받아들여 놓으면 다음에 비슷한 장면을 볼 때 이전과 같은 느낌을 이끌어 냅니다. 직접 보지 않고 그에 관한 말을 듣기만 해도 예전의 느낌이 되살아나고 그로 인해 안목의 정욕이 유발될 수 있지요. 안목의 정욕을 차단하지 않고 계속 받아들이면 육신의 정욕을 유발하고 그러면 결과적으로 죄를 짓게 됩니다.

다윗 왕이 우리아의 아내 밧세바가 목욕하는 장면을 보았을 때 어떠했습니까? 즉시 안목의 정욕을 차단하지 않고 마음에 받아들이니 '저 여인을 취하고 싶다'는 육신의 정욕이 발동합니다. 그 결과 그녀와 동침하게 되었고 우리아를 전쟁터로 내몰아 죽이는 큰 죄를 범하여 많은 연단을 자초하였습니다.

안목의 정욕을 차단하지 않으면 보고 듣고 느낌으로 내 마음에 있는 죄성을 부채질하여 더욱 불붙게 합니다. 예를 들어, 사람이 음란 비디오를 보면 간음이라는 죄성을 부채질합니다. 눈으로 보니 정욕이 들어오고 사단도 자꾸 생각을 비진리로 이끌어가는 것입니다.

하나님을 믿는 신앙인이라면 안목의 정욕을 받아들이지 말아야 합니다. 진리가 아닌 것은 보지도 듣지도 말고, 비진리를 접할 만한 장소라면 아예 가지 않는 것이 좋습니다. 사람이 아무리 기도하고 금식하며 악을 버리고자 애쓴다 해도 정작 안목의 정욕을 차단하지 않으면 육신의 정욕이 더 힘을 얻고 발동합니다. 그러면 죄가 쉽게 버려지지 않으니 죄와 싸우는 것이 어렵고 힘들게 느껴집니다.

비유를 들어보겠습니다. 전쟁 중에 성 밖에서 아무리 공격을 해도 성 안에 있는 군사들이 지원군이나 군수품을 계속 공급받으면 저항할 힘을 얻습니다. 이 싸움에서 승리하려면 먼저는 성을 포위하고 지원군과 식량, 무기 등을 공급받지 못하도록 보급로를 끊어야 합니다. 완전히 차단한 상태에서 계속 공격을 하면 결국 승리할 수 있습니다.

여기서 성 안의 적군은 내 안에 있는 죄성이며, 성 밖의 지원군은 안목의 정욕입니다. 안목의 정욕을 차단하지 않으면 죄성이 계속하여 힘을 얻기 때문에 금식하고 기도해도 버려지지 않습니다. 일단 안목의 정욕을 차단한 뒤 내 안에 있는 죄성을 버리기 위해 금식하고 기도해야 합니다. 그럴 때 하나님이 은혜와 능력을 주시고 성령의 감동함이 와서 버릴 수 있게 됩니다.

더 쉽게 비유해 보면, 더러운 물이 담긴 그릇에 깨끗한 물을 계속 부으면 결국 깨끗한 물로 바뀝니다. 그러나 깨끗한 물을 부으면서 동시에 더러운 물도 함께 붓는다면 아무리 시간이 흘러도 그릇 안의 물이 깨끗해질 수 없습니다. 이와 마찬가지로 우리가 육을 버리고 영의 마음을 이루기 위해서는 더는 비진리를 받아들이지 말고 진리만 받아들여야 합니다.

이생의 자랑이란?

사람에게는 자신을 자랑하고 싶은 마음이 있습니다. 이생의 자랑이란 현실의 모든 향락을 좇아 자기를 드러내기 위해 자랑하려는 속성을 말합니다. 예를 들어, 가문이나 자녀, 남편, 아내, 비싼 옷, 집이나 보석 등을 자랑하고 싶어 합니다. 외모나 재능에 대해 알아 주기를 원하며, 때로는 권세자나 유명인과 친분이 있다고 자랑합니다. 이러한 이생의 자랑이 있으면 세상의 부귀영화, 지식, 재능, 외모 등에 가치를 두고 추구해 나갑니다.

하지만 이러한 것을 자랑하는 것이 우리에게 무슨 유익이 되겠습니까? 해 아래서 수고한 모든 것이 헛되다 했습니다(전 1:2~3). "인생은 그날이 풀과 같으며 그 영화가 들의 꽃과 같도다"(시 103:15) 말씀하신 대로 이 세상에서 자랑하는 것으로는 참된 가치와 생명을 얻을 수 없으며 오히려 하나님과 원수가 되고 사망의 길로 가게 할 뿐입니다. 우리가 무익한 육을 벗어 버리면 자랑이나 정욕도 없어지고 진리만 좇게 됩니다.

고린도전서 1장 31절에 "자랑하는 자는 주 안에서 자랑하라" 했습니다. 자신을 높이기 위해서가 아니라 하나님의 영광을 위해 자랑하라는 말씀입니다. 십자가를 자랑하며 예비해 주신 천국, 하나님이 주신 은혜와 응답받은 간증 등을 전하면 하나님께 영광이 되며 그것을 듣는 사람에게 믿음과 소망을 심어 줍니다. 이처럼 주 안에서 자랑하면 하나님께서 기뻐 받으시고 영육 간에 축복으로 갚아주십니다.

사람의 본분은 하나님을 경외하고 사랑하는 데 있으며 얼마나 영의 사람이 되었는지에 따라 그 사람의 가치가 결정됩니다(전 12:13). 우리가 육체의 일과 육신의 일 등 모든 죄와 악을 벗어 버리고 하나님의 형상을 회복하면 생령 아담의 차원을 넘어선 존재가 될 수 있습니다. 진정한 영의 사람, 온 영의 사람이 되는 것입니다. 그러므로 정욕을 위하여 육신의 일을 도모하는 것이 아니라 예수 그리스도로 옷 입고 사람의 본분을 온전히 지켜 나가야 하겠습니다.

Chapter 4

생령의 차원을 넘어서

육신의 생각이 깨지면 육에 속한 혼이 없어지니 영에 속한 혼만 남습니다.
혼은 주인인 영에게 온전히 아멘 하며 순종합니다.
이렇게 주인이 주인 역할을 하고 종이 종의 역할을 할 때 영혼이 잘되었다고 합니다.

한정된 사람의 마음

영의 사람이 되려면

생령과 경작받은 영의 차이

영의 신앙은 진실한 사랑이기에

성결을 향하여

갓 태어난 아기도 사람이지만 아직 사람의 역할을 못합니다. 아무 지식이 없으므로 부모를 알아보지 못하고 자신이 어떻게 살아가야 하는지도 모릅니다. 마찬가지로 생령으로 창조된 아담도 그 자체만으로는 영의 구실을 할 수가 없었습니다. 그 안에 영의 지식이 채워진 다음에야 비로소 영으로서의 의미를 가질 수 있었습니다. 하나님으로부터 영의 지식을 하나하나 배우면서 만물의 영장답게 살아가게 됩니다. 이때에는 아담의 마음이 곧 영이었기에 굳이 마음이라는 단어가 필요 없었습니다.

그런데 생령 아담이 죄를 지은 뒤에는 영이 죽은 상태가 되었습니다. 영의 지식이 하나하나 빠져나가고 그 대신 원수 마귀 사단이 심어 주는 비진리, 곧 육의 지식이 채워지게 된 것입니다. 더는 영이라 부를 수 없기에 이때부터는 마음이라고 부릅니다.

원래 아담의 마음은 영이신 하나님의 마음을 닮아 창조되었으므로 영의 지식을 담는 만큼 무한히 커질 수 있었습니다. 그러나 영이 죽은 뒤에는 비진리의 지식이 영을 감싸 마음의 크기에 제한이 생겼습니다. 사람의 혼이 주인이 되어 어떤 지식을 얼마나 담아놓았느냐에 따라, 어떻게 그 지식을 활용하느냐에 따라 마음이 움직이게 되었기 때문입니다.

그러니 비교적 마음이 큰 사람이라 해도 자신의 의와 틀, 이론 등의 한계를 넘지 못합니다. 하지만 예수님을 구세주로 영접하여 성령을 선물로 받고 성령으로 영을 낳으면 사람의 한계를 뛰어넘을 수 있습니다. 나아가 영의 마음을 이루는 만큼 사람으로는 알 수 없는 무한한 영의 세계를 느끼며 깨우치게 됩니다.

한정된 사람의 마음

혼의 사람은 하나님 말씀을 들을 때 먼저 뇌에 입력되어 있는 인간적인 생각이 떠오르므로 말씀을 마음으로 받지 못합니다. 자연히 영적인 것을 깨달을 수 없고 진리로 자신을 변화시킬 수도 없습니다. 그래서 자신의 한정된 마음에 맞춰 영의 세계를 이해하려고 하면 많은 판단이 나옵니다. 성경에 나오는 믿음의 선진들에 대해서도 자기 생각 속에 많은 오해와 잘못된 판단을 하는 것을 볼 수 있습니다.

하나님이 아브라함에게 독자 이삭을 제물로 바치라고 했을 때 어떤 사람은 "아브라함이 이 말씀에 순종하기까지는 매우 힘들었을 것이다. 모리아 산까지 3일 길을 가게 한 것은 하나님이 그의 믿음을 시험하기 위해서였다. 아브라함은 길을 가면서 하나님 말씀에 순종할까 말까 하며 많은 고민을 했고 결국 갈등 속에서 순종의 길을 택했을 것이다."라고 해석합니다.

과연 아브라함의 마음이 그러했을까요? 아내 사라와 의논하지 않고 아침 일찍이 길을 떠난 아브라함은 죽은 자를 살리시는 하나님의 권능과 선하심을 전적으로 신뢰했습니다. 그래서 조금도 망설임 없이 이삭을 드릴 수 있었고, 중심을 보시는 하나님께서는 그의 믿음과 사랑의 마음을 인정하셨습니다. 결국 아브라함은 믿음의 조상, 하나님의 벗이라 칭함을 받았습니다.

이처럼 하나님을 기쁘시게 하는 차원의 믿음과 순종을 이해할 수 없는 사람은 자신의 한정된 마음과 믿음의 기준에 맞춰 오해하는 것입니다. 하나님을 지극히 사랑하고 기쁘시게 하는 믿음을 지닌 사람에 대해서는 우리가 죄를 버리고 영의 마음을 이룬 만큼 이해하고 깨달을 수 있습니다.

영의 사람이 되려면

하나님은 영이시니 그의 자녀도 당연히 영의 사람이 되길 원하십니다. 영이 주인이 되어 혼과 육을 다스리는 영의 사람이 되려면 어떻게 해야 할까요? 무엇보다 비진리의 생각 곧 육신의 생각을 차단하여 사단의 주관을 받지 말아야 합니다. 대신 진리의 말씀을 통해 우리 마음을 주관하는 성령의 음성을 듣고 혼을 그 음성에 온전히 순종시켜 나가야 합니다. 말씀을 들을 때 '아멘'으로 받고 영적인 의미를 깨우칠 때까지 마음을 다한 기도가 필요하지요.

그리하여 성령의 감동 감화 충만을 받으면 영이 주인이 되어 날마다 하나님과 깊은 교통을 이루며 영의 세계로 들어갈 수 있습니다. 이렇게 혼이 주인인 영에게 온전히 순종하여 주인과 종의 역할이 바로 설 때 영혼이 잘되었다고 합니다. 영혼이 잘되면 범사가 잘되고 강건한 축복이 임합니다.

우리가 혼의 작용을 바로 알아 하나님께서 원하시는 혼으로 회복하면 사단의 주관을 받지 않습니다. 이럴 때 아담의 타락으로 잃었던 하나님의 형상을 회복하게 됩니다. 그래서 영과 혼과 육의 질서가 바로 잡히고 하나님의 참 자녀가 되면 생령 아담의 차원을 넘어설 수 있습니다. 만물을 지배하고 다스리는 권세와 능력이 임하는 것은 물론, 에덴동산보다 차원이 높은 천국에서 영생복락을 누리게 됩니다. "그런즉 누구든지 그리스도 안에 있으면 새로운 피조물이라 이전 것은 지나갔으니 보라 새것이 되었도다"(고후 5:17) 하신 대로 그리스도 안에서 온전히 새로운 피조물이 되는 것입니다.

생령과 경작받은 영의 차이

우리가 '~을 하지 말라, ~을 지키라'는 하나님 말씀대로 순종하며 육체의 일을 행하지 않고 진리로 자신을 지키는 만큼 영의 사람이 되어갑니다. 우리가 비진리를 행하는 육의 사람일 때는 이런저런 문제가 생기고 질병에도 걸리지만, 영의 사람이 되면 항상 형통하며 강건하지요.

또한 '~을 버리라'는 말씀대로 악을 버려나가면 육신의 일이나 육신의 생각이 버려지고 진리에 속한 혼을 이루게 됩니다. 진리만 생각하니 성령의 음성을 밝히 들어갈 수 있습니다. 이처럼 '~을 지키라, ~을 하지 말라, ~을 버리라'는 말씀을 온전히 이루면 마음 안에 비진리가 없으므로 영의 사람이라 인정을 받을 수 있습니다. 나아가 '~을 행하라'는 말씀까지 온전히 이루면 온 영의 사람이 됩니다.

그런데 생령 아담과, 경작을 받아 영을 회복한 사람은 큰 차이가 있습니다. 생령 아담은 경작을 통한 육을 겪어보지 못했으므로 온전한 영적 존재라고 할 수 없습니다. 육으로 인해 겪어야 하는 슬픔, 고통, 사망, 이별 등을 알 수 없었기 때문입니다. 그러니 상대적으로 진정한 감사나 사랑도 알 수 없었지요. 하나님이 사랑해 주셔도 그 사랑이 얼마나 좋고 감사한지 모르는 것입니다. 좋은 것을 누리면서도 자신이 행복하다고 느낄 수 없었습니다. 그래서 마음을 주고받을 수 있는 하나님의 참 자녀가 될 수 없었던 것입니다. 육을 알고 육의 것을 체험해 본 후라야 진정한 영의 자격을 갖출 수 있습니다.

육을 체험하지 못했던 생령 아담은 자유 의지 속에서 육을 받아들여 타락할 가능성을 갖고 있었습니다. 아담의 영은 온전한 의미의 영이 아니라 '죽을 수도 있는 영'이었던 것입니다. 그래서 생령(生靈), 즉 살아 있는 영이라고 한 것입니다. 혹자는 '생령 아담이 어떻게 사단의 미혹을 받아들일 수 있었을까요?' 하고 질문합니다. 비유를 들어 보겠습니다.

어느 가정에 순종을 잘하는 두 명의 자녀가 있다고 합시다. 한 자녀는 뜨거운 물에 덴 경험이 있는데 다른 자녀는 경험이 없습니다. 어느 날 어머니가 물이 끓는 주전자를 가리키며 만지면 안 된다고 가르쳤습니다. 이 두 자녀는 평소 순종을 잘했기 때문에 주전자를 만지지 않았습니다.

그런데 한 자녀는 어머니 말씀이 아니더라도 뜨거운 것은 위험하다는 것을 체험했기에 마음에서 우러나오는 순종이 나옵니다. 또한 자기를 사랑하고 보호하려는 어머니의 마음을 알지요. 반면에 경험이 없는 다른 자녀는 일단 어머니 말씀에 순종하여 만지지는 않지만 시간이 지남에 따라 김이 모락모락 나는 주전자를 볼 때 호기심이 발동합니다. 어머니의 마음을 정확히 알지 못하니 호기심으로 인해 언젠가는 물이 펄펄 끓는 주전자를 만질 수 있는 것입니다.

생령 아담도 마찬가지입니다. 죄와 악이 무섭다는 것은 들었지만 체험하지 못했기에 그 실체를 알 수 없었습니다. 상대성을 모르니 오랜 세월이 지난 뒤 자유 의지 속에 사단의 미혹을 받아 선악과를 먹었던 것입니다.

하나님은 생령 아담과 같이 상대성을 모르는 것이 아니라 육을 겪어보고 진리를 받아들여 어떠한 상황에서도 변치 않는 영의 마음을 가진 참 자녀를 원하셨습니다. 이들은 육과 영의 상대성을 잘 압니다. 육의 세상에서 죄악과 고통, 슬픔을 겪어보았기 때문에 육이 얼마나 고통스럽고 추하며 가치 없는지 아는 것입니다. 또한 육과 반대되는 영이 얼마나 좋고 아름답고 행복한 것인지도 잘 압니다. 그러니 자유 의지가 있다 해도 다시는 육을 받아들이지 않습니다. 이것이 생령과 경작받은 영의 차이입니다.

생령이 무조건 순종하는 차원이라면 경작받은 영은 경험을 통해 좋고 나쁨을 알아 중심에서 우러나는 순종을 합니다. 경작을 통해 육에 속한 것들이 얼마나 헛된 것인지 깨달은 사람은 스스로 하나님께서 원하시는 영의 것을 좇아 나가게 됩니다. 하나님께서는 이렇게 상대성을 알고 중심에서 순종하는 참 자녀를 얻기 위해 인간 경작을 하십니다. 그래서 경작을 받은 영은 에덴동산보다 더 아름다운 천국을 소유하는 것입니다. 나아가 죄와 악을 버리고 성결된 영의 사람, 온 영의 사람이라면 천국 중에서도 3천층과 새 예루살렘에 들어가는 축복이 주어집니다.

영의 신앙은 진실한 사랑이기에

우리가 신앙생활을 하면서 영의 사람이 되면 이전과는 다른 차원에서 행복과 기쁨을 느낍니다. 마음에 참 평강이 있을 뿐 아니라 '항상 기뻐하라 쉬지 말고 기도하라 범사에 감사하라'(살전 5:16~18)는 말씀이 온전히 임하여 중심에서 기뻐하고 감사할 수 있습니다. 참 행복을 주신 하나님의 마음과 뜻을 알므로 하나님을 진심으로 사랑하며 감사드리는 것입니다.

하나님이 사랑이라는 말은 들었지만 영의 사람이 되기 전에는 그 사랑을 잘 모릅니다. 경작을 통해 하나님의 섭리를 깨달아야 비로소 하나님이 사랑 자체이시며 우리가 첫째로 사랑해야 할 분이라는 것을 깊이 깨달을 수 있습니다.

사람이 마음에서 육을 버리지 못했을 때에는 사랑과 감사가 진실하지 못합니다. 아무리 "사랑합니다.", "감사합니다."라고 고백해도 자기 유익에 맞지 않을 때에는 변질되고 맙니다. 자기에게 유익이 되면 "감사합니다." 말하지만 시간이 지나면 은혜를 쉽게 잊어버립니다. 감사하지 않을 조건이 생기면 과거에 고마웠던 일조차 잊어버리고 오히려 화를 냅니다.

그러나 영의 사람이 감사하는 것은 중심에서 나오는 것이므로 세월이 흐른다 해도 변하지 않습니다. 수많은 아픔을 겪으면서 인간을 경작하시는 하나님의 섭리를 깊이 깨달아 마음 중심에서 감사하게 됩니다. 나를 위해 십자가를 지신 예수님과 진리로 인도해 주신 성령님에 대해서도 중심으로 사랑하고 감사하며 그 사랑과 감사가 영원히 변함없습니다.

성결을 향하여

죄로 인해 타락한 사람이 예수 그리스도로 말미암아 구원의 은총을 받고 믿음과 성령의 능력으로 변화되면 생령의 차원을 넘어섭니다. 내 안에서 비진리가 빠져나가고 반대로 영으로 채워지는 만큼 성결을 이루어 영의 사람이 됩니다.

대부분의 사람은 악한 것을 보면 자기 안의 비진리와 결합하여 악하게 느끼고 생각하기에 결국 악한 행함으로 나오기 쉽습니다.

그러나 성결된 사람이 되면 마음에 비진리가 없으니 악한 생각이나 행함이 나오지 않습니다. 악한 것을 보려고 하지도 않지만 혹여 보았다 해도 나쁜 생각이나 행함으로 연결되지 않는 것입니다.

마음 깊숙한 곳에 있는 악까지 모두 빼내어 흠도 점도 티도 없이 깨끗한 마음을 이루면 성결된 사람이라 할 수 있습니다. 그래서 영의 생각만 하는 사람, 즉 오직 진리로 보고 듣고 말하고 행하는 사람이 생령의 차원을 넘어선 하나님의 참 자녀라 할 수 있습니다.

"하나님께로서 난 자마다 범죄치 아니하는 줄을 우리가 아노라 하나님께로서 나신 자가 저를 지키시매 악한 자가 저를 만지지도 못하느니라"(요일 5:18)

영의 세계에서는 죄가 없는 것, 곧 성결이 힘입니다. 그래서 우리가 죄를 버리는 만큼 생령 아담에게 주신 권세를 회복하여 원수 마귀 사단을 지배하고 다스릴 수 있습니다. 죄와 피 흘리기까지 싸워 버리고 악은 모양이라도 버리면 원수 마귀 사단이 피해 가고 하나님의 지킴을 받습니다.

이처럼 악한 원수 마귀 사단이 만지지도 못하는 영의 사람이 되면 성령의 역사를 나타내며 성령의 능력에 힘입어 권능을 행할 수 있습니다. 우리가 성결을 이룰 때 영의 사람이 되고 나아가 온 영의 사람(살전 5:23)이 될 수 있지요. 참 자녀를 얻고자 오래 참으며 경작하시는 하나님을 생각할 때에 영의 사람, 온 영의 사람이 되는 것이 가장 의미 있고 가치 있는 인생임을 알 수 있습니다.

영의 회복

**나는 육의 사람인가 영의 사람인가?
영과 온 영은 어떻게 다른가?**

"예수께서 대답하시되 진실로 진실로 네게 이르노니
사람이 물과 성령으로 나지 아니하면
하나님 나라에 들어갈 수 없느니라
육으로 난 것은 육이요
성령으로 난 것은 영이니"
(요 3:5~6)

Chapter 1

영과 온 영

사람은 영이 죽었기에 구원이 필요한 존재입니다.
죽은 영이 살아나 성장해 나가는 과정이 바로 신앙생활입니다.

사람은 아담의 범죄로 영이 죽고 혼이 주인이 되어 살아갑니다. 혼의 작용을 통해 계속 비진리를 받아들이며 마음의 정욕을 좇아 행하니 결국 구원에 이를 수 없습니다. 사단이 주관하는 혼의 지배를 받아 죄를 짓다가 지옥에 가는 것입니다. 그래서 사람은 구원이 필요한 존재입니다. 영이신 하나님은 인간 경작을 통해 구원받은 참 자녀, 곧 영의 사람, 온 영의 사람을 찾고 있습니다.

고린도전서 6장 17절에 "주와 합하는 자는 한 영이니라" 하신 대로 하나님의 참 자녀는 예수 그리스도와 영으로 하나를 이룬 사람입니다. 예수 그리스도를 영접하고 성령의 도움을 받아 온전히 진리 안에 살아가면 주님의 마음을 닮은 영의 사람이 됩니다. 곧 주님의 영과 내 영이 하나가 되는 것이지요. 그런데 하나를 이루었다 해도 하나님의 영과 사람의 영은 현격한 차이가 있습니다. 하나님은 육체를 입지 않은 영 자체이지만 사람의 영은 육체를 입은 영입니다. 하나님은 하늘에 속한 영의 형체요, 사람은 흙으로 만들어진 육의 형체로서 창조주 하나님과 피조물인 인간 사이에는 분명한 차이가 있습니다.

영이란 무엇인가?

일반적으로 영(靈)이라 하면 영혼과 같은 개념으로 생각합니다. 사전을 보면 '죽은 사람의 넋, 또는 신령하여 육체를 떠나서도 존재하는 불사불멸하는 정신'으로 정의하고 있습니다. 그런데 하나님께서 말씀하시는 영이란 '죽거나 썩지 않고 변함이 없는 것, 영원한 것으로 생명이요 진리 자체'를 의미합니다. 곧 썩고 변질되는 육과는 반대되는 개념입니다.

이 땅에서 영의 속성에 가장 가까운 것의 예를 든다면 바로 금(金)입니다. 금은 아무리 오랜 세월이 흘러도 아름다운 광택이 유지되며 썩거나 변하지 않습니다. 그래서 하나님은 우리의 믿음을 정금에 비유했을 뿐 아니라 천국에 정금이나 보석으로 집을 지어놓으신 것입니다.

하나님께서는 첫 사람 아담을 흙으로 지은 뒤 영이신 하나님의 속성을 가진 생기를 불어넣어 주셨습니다. 아담은 완전한 영의 존재가 아니었기 때문에 흙의 성질을 가진 육의 존재로 돌아갈 수 있는 가능성을 가지고 있었습니다. 그래서 영이 아닌 생령이라고 말한 것이지요.

하나님이 아담을 생령으로 창조하신 이유는 무엇일까요? 바로 인간 경작을 통해 육을 경험한 뒤 생령의 차원을 넘어 온 영의 사람으로 나오기를 바라셨기 때문입니다. 이는 아담뿐만 아니라 그의 후손들에게도 마찬가지입니다. 그래서 하나님께서는 만세 전에 구세주가 되시는 예수님과 보혜사 성령을 예비하셨습니다.

영을 회복하려면

생령 아담은 에덴동산에서 무수한 세월을 보내다가 불순종의 죄를 범하여 하나님과의 교통이 끊어졌습니다. 그러자 사단이 사람의 혼을 통해 비진리의 지식을 불어넣어 줍니다. 이로 인해 하나님이 공급해 주셨던 영의 지식이 사라지는 대신 그 자리에는 사단이 심어 주는 육의 내용물인 비진리의 지식이 채워졌습니다.

세월이 지날수록 육의 내용물이 많아져 결국 그것이 생명의 씨를 둘러싸고 꼼짝 못하게 가둬버린 것과 같이 되었지요. 이렇게 영 안에 있는 생명의 씨가 마치 죽은 것처럼 완전히 활동을 멈춘 상태를 '영이 죽었다'고 말합니다. 영이 죽었다는 것은 생명의 씨가 활동할 수 있게 만드는 하나님의 빛이 사라졌다는 의미입니다. 그러면 죽은 영을 산 영으로 회복하기 위해서는 어떻게 해야 할까요?

첫째로, 물과 성령으로 거듭나야 합니다.

진리인 하나님 말씀을 듣고 예수님을 구세주로 영접하면 하나님께서 우리 마음 안에 성령을 선물로 보내 주십니다. 예수님께서 "진실로 진실로 네게 이르노니 사람이 물과 성령으로 나지 아니하면 하나님 나라에 들어갈 수 없느니라"(요 3:5) 하신 말씀처럼 물, 곧 하나님 말씀과 성령으로 거듭나야 구원받을 수 있습니다.

성령은 마음 안에 오셔서 생명의 씨가 다시 활동하게 하여 우리의 죽은 영을 살립니다. 그리고 비진리인 육을 버리고 혼적인 것을 깨뜨리도록 도와주며 영의 지식을 공급하시지요. 성령을 받지 않으면 죽은 영이 살아나지도 않을뿐더러 하나님 말씀에 담긴 영적인 뜻을 깨우칠 수도 없습니다. 말씀이 마음에 심겨지거나 믿음이 되지 않으니 행할 수 있는 능력도 따르지 않습니다. 성령께서 도와주셔야 영적 깨달음이 오고 마음에서 믿어지며, 이와 함께 기도해 나갈 때 행할 수 있는 능력이 와서 말씀대로 살 수 있습니다.

둘째로, 지속적으로 성령으로 영을 낳아야 합니다.

성령을 받아서 죽은 영이 살아났으면 그 안에 영의 지식을 다시 채워 나가야 합니다. 이것이 바로 성령으로 영을 낳는 것입니다. 성령의 도우심 가운데 열심히 기도하며 죄와 피 흘리기까지 싸워 버리면 그만큼 나쁜 마음, 비진리의 마음이 사라집니다. 또한 성령이 공급하시는 사랑, 선, 진실, 온유, 겸손 등 진리의 지식을 받아들이는 만큼 선한 마음, 진리의 마음이 더 많아집니다. 아담의 범죄 이후 사람들이 육으로 물들어간 것과 반대되는 과정을 밟는 것이지요. 이것이 영혼이 잘되고 영의 사람으로 변화되는 과정입니다.

그런데 성령을 받았지만 마음을 변화시키지 않는 경우가 있습니다. 성령의 소욕을 좇지 않고 육체의 소욕을 좇아 여전히 죄악 가운데 살아가는 것입니다. 처음에는 죄를 버리려고 달려가다가 어느 순간부터 미지근한 신앙이 되어 죄와의 싸움을 그쳐버리는 경우가 많지요. 마음이 조금씩 하얗게 변화되다가 죄와의 싸움을 멈춘 후부터는 다시 세상과 짝하거나 죄를 지으므로 까맣게 물들어갑니다. 우리가 성령을 받았다 해도 여전히 까만 마음, 비진리의 마음에 머물면 그 속에서 생명의 씨가 힘을 얻을 수 없습니다.

데살로니가전서 5장 19절에 "성령을 소멸치 말며" 했습니다. 성령을 받았어도 하나님 말씀대로 살지 않고 계속 죄악 가운데 산다면 점차 성령이 소멸되지요. 그러면 구원과도 상관이 없게 됩니다. 한 번 성령을 받고 구원받았다 해도 안주하여 변화되지 않으면 '살았다 하는 이름은 가졌으나 죽은 자'(계 3:1)가 될 수 있는 것입니다. 그러니 온전히 진리의 마음으로 회복되기까지 쉬지 않고 노력해야 합니다.

요한일서 2장 25절에 "그가 우리에게 약속하신 약속이 이것이니 곧 영원한 생명이니라" 말씀한 대로 하나님께서는 영원한 생명 곧 영생의 언약을 주셨습니다. 하지만 여기에는 조건이 있습니다. 우리가 그동안 들은 말씀을 그대로 지켜 행해야 주님과 하나님과 하나가 됩니다. 이렇게 하나 될 때 영생의 길로 간다고 약속하신 것이지 하나님과 주님 안에 살지 않으면서 "주여 믿습니다." 고백한다 해서 구원받는 것이 아닙니다.

영의 성장 과정

요한복음 3장 6절에 "육으로 난 것은 육이요 성령으로 난 것은 영"이라 하신 말씀대로 육에 머물면 영을 낳을 수 없습니다. 그러니 성령을 받아 죽은 영이 살아났으면 계속하여 성장해야 합니다. 만일 어린아이가 제때에 성장하지 않거나 성장이 멈춘다면 어떠할까요? 정상적인 삶을 살기 어려울 것입니다. 신앙생활도 마찬가지여서 생명을 얻은 하나님의 자녀 역시 믿음과 영을 계속 성장시켜야 하는 것입니다.

성경은 각 사람의 믿음의 분량이 다름을 알려 줍니다(롬 12:3). 요한일서에서는 물과 성령으로 거듭난 자녀들의 믿음부터 아이들, 청년들, 아비들의 믿음의 단계로 나누어 기록하고 있습니다.

"자녀들아 내가 너희에게 쓰는 것은 너희 죄가 그의 이름으로 말미암아 사함을 얻음이요 아비들아 내가 너희에게 쓰는 것은 너희가 태초부터 계신 이를 앎이요 청년들아 내가 너희에게 쓰는 것은 너희가 악한 자를 이기었음이니라 아이들아 내가 너희에게 쓴 것은 너희가 아버지를 알았음이요"(요일 2:12~14)

우리가 하나님 말씀으로 변화되어 참마음을 이루는 만큼, 즉 성령으로 영을 낳아가는 만큼 하나님께서 위로부터 믿어지는 영적 믿음을 주십니다. 이렇게 영을 낳고 믿음을 성장시키는 일을 성령이 하십니다. 우리 마음 안에 오신 성령은 우리로 하여금 죄와 의와 심판에 대해 깨닫게 하시며(요 16:7~8) 예수 그리스도를 믿을 수 있도록 도와주십니다. 또한 하나님 말씀 안에 담긴 영적인 의미를 깨닫고 마음으로 받을 수 있도록 이끄시지요. 이를 통해 우리는 하나님 형상을 회복하여 하나님의 참 자녀요, 영과 온 영의 사람으로 나올 수 있는 것입니다.

사람의 영이 성장하려면 무엇보다 육신의 생각을 깨뜨려야 합니다. 육신의 생각은 마음 안에 있는 비진리가 혼의 작용을 통해 나오는 것입니다. 예를 들어, 마음에 악이 있는 사람은 누가 자신에 대해 험담했다는 말을 전해 들을 때, 먼저 혼적인 작용이 일어납니다. "무례하다, 불쾌하다, 자존심이 상한다." 하는 육신의 생각을 하지요.

이럴 때 혼을 주관하는 것은 사단입니다. 사단이 악한 생각을 불어넣는 것입니다. 이러한 혼의 작용에 따라 자기 안에 있는 비진리의 마음인 혈기, 감정, 미움, 자존심 등이 요동하면서 속에서부터 부글부글 끓어오릅니다. 상대를 이해하려 하기보다는 "당장 가서 혼내줘야 되겠다." 하는 마음이 강하게 일어납니다.

앞서 말씀드린 육신의 일도 육신의 생각에 포함되며, 자신의 의, 틀, 이론 등이 혼의 작용을 통해 나오는 것도 이에 해당합니다. 만일 "타협하지 않는 것이 진리이다."라는 틀이 있는 사람은 각 사람의 신앙과 형편에 맞추어야 할 일도 자기가 옳다고 생각하는 대로 고집하여 화평을 깰 수 있습니다. 또 자신이 처한 형편이나 현실적인 조건을 먼저 생각하거나 "저것은 현실적으로 어렵다." 하는 선입관이 있는 경우, 그것이 육신의 생각으로 작용할 수 있습니다.

주님을 영접하여 성령을 받았다 해도 육이 버려지지 않은 만큼, 성령이 영의 지식을 움직이지 못하므로 육신의 생각을 합니다. 하나님

말씀인 진리의 지식이 떠오를 때에는 영의 생각을 하지만 비진리의
지식이 떠오를 때에는 육신의 생각을 하지요.

"육신을 좇는 자는 육신의 일을, 영을 좇는 자는 영의 일을 생각
하나니 육신의 생각은 사망이요, 영의 생각은 생명과 평안이니라 육
신의 생각은 하나님과 원수가 되나니 이는 하나님의 법에 굴복지
아니할 뿐 아니라 할 수도 없음이라 육신에 있는 자들은 하나님을
기쁘시게 할 수 없느니라"(롬 8:5~8)

이는 육신의 생각을 깨뜨려야 영으로 들어갈 수 있다는 의미입니
다. 육에 머무는 사람은 육신의 생각을 할 수밖에 없기에 결과적으
로 하나님과 원수 되는 생각과 말, 행동이 나옵니다.

사무엘상 15장에 나오는 사울 왕이 육신의 생각으로 인하여 하
나님과 원수 된 대표적인 경우입니다. 하나님께서는 그에게 아말렉
을 공격하라 하시면서 그들의 모든 소유를 남기지 말고 진멸하라
하셨습니다. 아말렉 족속이 하나님을 크게 대적한 일에 대한 보응
으로 그들을 멸하는 것이 합당했기 때문입니다.

그러나 사울 왕은 전쟁에서 승리한 뒤, 하나님께 예물로 드리면
좋겠다는 그럴 듯한 이유를 내세워 가축 중에 좋은 것은 살려서
끌어오고 아말렉 왕도 죽이지 않고 사로잡아 왔습니다. 내심 자신
의 공적을 드러내고 싶었던 것입니다. 그가 불순종한 것은 욕심과
교만 가운데서 나온 육신의 생각이 있었기 때문입니다. 이처럼 욕심
과 교만으로 눈이 가려진 사울 왕은 계속해서 육신의 생각을 동원

하여 죄를 짓다가 비참한 죽음을 맞았습니다.

육신의 생각을 하는 가장 근본적인 원인은 마음 안에 비진리가 있기 때문입니다. 마음에 진리의 지식만 있다면 육신의 생각이 동원될 수 없습니다. 육신의 생각이 없는 사람은 오직 영의 생각만 하며 성령의 음성과 주관을 좇아 순종하니 하나님의 사랑을 받고 하나님의 역사를 체험할 수 있습니다.

그러므로 우리는 부지런히 비진리를 버리고 하나님 말씀인 진리의 지식으로 무장해야 합니다. 진리의 지식으로 무장한다는 것은 머리로만 아는 것이 아니라 하나님 말씀을 마음에 양식 삼아 행해 나가는 것을 뜻합니다. 또한 자신의 생각을 항상 영의 생각으로 채워 나가야 합니다. 사람을 대하거나 어떤 일을 보고 들을 때에 자기 입장에서 생각하며 판단 정죄하는 것이 아니라 항상 진리로 대응하려고 노력해야 하지요. 매 순간 선으로, 사랑으로, 진실함으로 대했는지 끊임없이 스스로를 돌아보아 변화되어야 하는 것입니다. 그럴 때 신속히 영적으로 성장할 수 있습니다.

옥토를 이루면 영의 사람

잠언 4장 23절을 보면 "무릇 지킬 만한 것보다 더욱 네 마음을 지키라 생명의 근원이 이에서 남이니라" 했습니다. 영생할 수 있는 생명의 근원이 마음에서 나온다는 것입니다. 밭에 씨를 심어야 싹이 나 꽃이 피고 열매를 맺을 수 있는 것처럼 사람의 마음밭에 하나님 말씀이 떨어져야 영의 열매를 맺습니다.

하나님 말씀은 생명의 근원인 마음에서 두 가지 작용을 합니다. 마음에 있는 죄와 비진리 등 가라지를 뽑아내어 개간하는 작업과 씨를 심어 열매를 맺게 하는 작용입니다. 성경은 방대한 내용이 기록되어 있지만 크게 네 가지로 함축할 수 있습니다. '하라, 하지 말라, 버리라, 지키라'는 말씀입니다. 그중 '버리라'는 것의 예로 악은 모양이라도 버리라, 욕심을 버리라 등이 있습니다. 또 '하지 말라'에는 미워하지 말라, 판단하지 말라 등이 있지요. 이러한 말씀에 순종하면 죄와 같은 가라지가 뽑혀 나갑니다. 즉 하나님 말씀이 우리 마음에 와서 좋은 옥토로 개간하는 작업을 하는 것입니다.

밭을 개간만 해 놓고 끝나면 소용이 없습니다. 개간된 밭에 진리로, 선으로 심어 성령의 아홉 가지 열매, 팔복, 사랑장 등의 열매를 맺어야 합니다. 우리가 '지키라, 행하라' 하신 말씀에 순종하는 것이 곧 심는 것입니다. 이렇게 지키고 행할 때 싹이 나고 꽃이 피며 열매를 맺습니다.

영의 사람이 되는 과정은 1부 3장 '경작'에서 살펴본 대로 마음밭을 개간하는 것과 같습니다. 단단한 흙은 갈아엎고 돌멩이는 골라내고 가시 떨기는 뽑아내어 옥토를 만들듯이, 하나님께서 '하지 말라, 버리라' 명하신 말씀에 순종하여 육체의 일은 물론 육신의 일까지도 온전히 벗어 버려야 하지요. 사람마다 갖고 있는 악의 종류가 다른데 일단 가장 버리기 힘든 악의 뿌리를 뽑으면 이에 딸린 잔뿌리와 같은 악이 자동적으로 뽑혀 나옵니다. 예를 들어, 유난히 시기 질투가 강한 사람이 이 악의 뿌리를 뽑으면 미움, 험담, 거짓 등 잔뿌리와 같은 악이 함께 딸려 나옵니다.

혈기라는 큰 뿌리를 뽑아버리면 분노, 짜증 등의 잔뿌리도 뽑힙니다. 혈기를 버리기 위해 노력하면서 기도하면 하나님께서 은혜와 능력을 주시고 성령이 도우시므로 버릴 수 있습니다. 그러면서 진리의 말씀을 자꾸 생활 속에 적용하여 순종하면 성령의 충만함이 오고 육신의 세력이 약해집니다. 하루에 열 번 혈기를 냈다면 다음에는 아홉 번, 일곱 번, 다섯 번으로 줄다가 결국은 진리만 남습니다. 이러한 방법으로 모든 죄성을 버려 옥토와 같은 마음을 이루면 이 자체가 '영' 입니다.

그리고 사랑하라, 용서하라, 섬기라, 안식일을 지키라 등 하나님께서 '하라, 지키라' 명하신 진리의 말씀으로 부지런히 심어 나가야 합니다. 이때 꼭 비진리를 다 버린 다음에 진리로 채우는 것은 아닙니다. 비진리를 버리고 진리로 채우는 과정은 동시에 진행되는 것이며 이를 통해 마음 안에 진리만 있게 될 때, 영의 사람이 되었다 할 수 있습니다.

영의 사람이 되기 위해 버려야 하는 것 중에는 본성 속에 있는 악도 있습니다. 본성은 흙으로 비유하면 토질과 같은 것으로서 부모의 기를 통해 자녀에게 이어집니다. 또한 성장 과정 중에 비진리나 악한 것을 많이 접하여 받아들이면 그만큼 본성도 악해집니다. 본성 속의 악은 평소 평안한 환경에서는 잘 드러나지 않으므로 발견하기 어렵습니다.

그래서 겉으로 드러난 죄와 악을 버렸다 해도 본성 속에 자리 잡은 악을 버린다는 것은 쉽지 않습니다. 본성 속의 악을 버리려면 이를 발견하여 버리고자 간절히 기도하는 노력과 행함이 있어야 합니다. 그럴 때 하나님께서 욥에게 하신 것처럼 연단을 허락하여 깊은 본성 속의 악을 발견하여 버리게 하십니다.

믿음이 성장하다가 영의 사람에 가까이 이르러 오랜 시간 정체되는 경우가 있는데 바로 본성 속에 자리 잡은 악 때문입니다. 잡초를 제거하려면 잎과 줄기만 뜯어내는 것이 아니라 뿌리까지 완전히 뽑아 버려야 합니다. 마찬가지로 본성 속의 악까지 발견하여 온전히 버려야 비로소 영의 마음을 이룹니다. 이렇게 영의 사람이 되면 양심도 진리로 바뀌고, 마음 자체도 진리로 채워지기 때문에 마음이 곧 영이 되지요.

육의 흔적을 버려야 온 영

영의 사람은 마음에 악이 없기 때문에 항상 성령이 충만하고 행복합니다. 하지만 그것으로 온전한 것은 아닙니다. 아직 '육의 흔적'이 남아 있기 때문입니다. 육의 흔적은 영으로 변화되기 전에 갖고 있던 근본 성품이나 기질과 관련이 있습니다. 예를 들어, 어떤 사람은 맺고 끊는 것이 확실하고 진실하며 의로운 성품이지만, 사랑과 덕이 부족한 면이 있습니다. 어떤 사람은 베풀기 좋아하고 사랑은 풍성한 것 같은데 감정이 많거나 말과 행동이 거친 경우가 있지요.

이처럼 영으로 들어온 뒤에도 전에 가지고 있던 육의 분야가 흔적과 같이 남아 영향을 끼치는 것입니다. 마치 찌든 때가 밴 옷은 세탁해도 옷감 색깔이 원래대로 돌아오지 않는 것과 같은 이치입니다. 육의 흔적이 악은 아니지만 이것까지 벗어 버리고, 나아가 영의 열매로 온전히 채울 때 온 영에 이를 수 있습니다. 잘 개간된 밭과 같이 비진리가 없는 마음을 '영'이라 한다면 그 밭에 씨를 뿌려 아름다운 영의 열매가 온전히 맺힌 상태가 '온 영'입니다.

다윗 왕이 영으로 들어갔을 때에 하나님께서 연단을 허락하셨습니다. 어느 날 다윗 왕은 요압에게 인구를 조사하라고 명합니다. 인구를 계수한다는 것은 전쟁에 나갈 수 있는 사람의 수를 조사하는 것입니다. 요압은 그 일이 하나님 앞에 합당치 않은 줄 알았기 때문에 "어찌하여 이스라엘로 죄가 있게 하시나이까" 하며 만류했습니다. 그러나 다윗은 권고를 듣지 않고 계수할 것을 고집했고 하나님의 진노가 임하여 온역으로 수많은 백성이 죽었습니다.

하나님의 뜻을 잘 아는 다윗이 어떻게 이런 재앙을 초래했을까요? 다윗은 오랫동안 사울 왕에게 쫓겨 다녔고 이방인과 많은 전쟁을 했습니다. 자신이 낳은 아들에게 쫓겨 생명의 위협을 받은 적도 있었지요. 그런데 오랜 고난의 세월이 지난 뒤 자신의 정치적 입지가 굳건해지고 국력이 강성해지자 근신하던 마음이 나태해졌습니다. 그러면서 인구가 많음을 드러내어 자랑하고자 하는 마음이 틈탄 것입니다.

이 말씀대로 하나님이 출애굽 백성에게 인구를 계수케 한 적이 있는데 이는 조직 정비 등에 필요했기 때문입니다. 계수할 때에 사람의 숫자대로 하나님께 속전을 드리게 하신 것은 모든 사람의 생명이 하나님의 보호하심으로 존재한다는 것을 상고하며 겸비하게 하기 위해서였습니다. 계수 자체가 범죄가 아니라 필요할 때에는 계수하되 백성의 많고 적음이 하나님께 달려 있음을 인정하는 겸비함을 원하신 것입니다.

그런데 다윗 왕은 하나님이 명한 것이 아닌데도 인구를 계수했습니다. 이는 하나님만 의지하지 않고 사람의 힘을 의지하려는 마음을 드러낸 결과가 되었지요. 사람이 많다는 것은 군사가 많고 국력이 강함을 의미하기 때문입니다. 잘못을 깨달은 다윗은 즉시 회개했지만 이미 큰 연단의 길로 들어선 뒤였습니다. 이스라엘 땅에 온역이 임하여 순식간에 칠만 명이 죽임당했습니다.

물론 단순히 다윗의 교만 때문에 하나님이 징계하신 것은 아닙니다. 인구 계수는 왕으로서 얼마든지 할 수 있는 일이며, 죄를 지으려는 의도도 아니었습니다. 그러므로 사람 편에서 볼 때 "다윗 왕이 죄를 범하였다."고 할 수가 없지요. 하지만 온전하신 하나님 편에서 볼 때 "네가 나만을 온전히 의뢰하지 않았다, 네가 교만하다." 말씀하실 수 있는 것입니다.

이렇게 사람이 볼 때에는 악이라 할 수 없지만 온전하신 하나님이 보실 때 악에 해당하는 경우가 있는데, 이것이 바로 악을 버리고 성결된 후 남아 있는 '육의 흔적'입니다. 하나님께서는 그것조차 없게 하여 다윗을 더 온전케 하기 위해 연단을 허락하신 것입니다. 그러나 백성에게 온역이 임한 근본적인 이유는 그들의 범죄로 인해 하나님의 진노를 샀기 때문입니다.

"여호와께서 다시 이스라엘을 향하여 진노하사 저희를 치시려고 다윗을 감동시키사 가서 이스라엘과 유다의 인구를 조사하라 하신지라"(삼하 24:1)

이때 구원받을 만한 선한 백성이 징계받은 것은 아닙니다. 그만큼 하나님 앞에 합당치 못한 백성이 징계를 받았습니다. 하지만 다윗은 자신의 행동으로 인하여 백성이 죽어가는 것을 보면서 심히 애통해했고 철저히 돌이켰습니다. 이처럼 하나님께서는 백성을 징계하면서 동시에 다윗을 연단하신 것이지요.

징계 후에 하나님은 아라우나의 타작마당에서 속죄제를 드리게 하셨습니다. 다윗은 하나님이 명하신 대로 제사를 드렸으며 그 땅을 택해 본격적으로 성전 건축을 준비하였으니 하나님의 은총을 회복한 것을 알 수 있습니다. 이 연단을 통해 다윗은 하나님 말씀을 명심하였기에 이전보다 더욱 겸비해졌으며 온 영으로 들어가는 계기가 되었습니다.

우리가 온 영을 이루면 그 증거로 영의 열매가 풍성하게 맺힙니다. 그렇다고 온 영을 이루기 전에 열매가 없는 것은 아닙니다. 영의 사람은 영적인 사랑, 빛의 열매, 성령의 아홉 가지 열매, 팔복의 열매 등이 맺혀 가는 과정에 있지요. 채우는 과정이므로 아직 온전히 채운 것은 아니며, 영의 사람이라 해도 채운 정도가 각각 다릅니다.

예를 들어, 지키라, 버리라 하신 말씀을 모두 마음에 이루었다면 어떤 순간에도 미움이나 악한 감정이 생기지 않습니다. 그러나 "행하라" 하신 말씀을 얼마나 이루었는지는 각각 차이가 납니다. 가령 사랑하라는 말씀에는 단순히 미워하지 않는 차원이 있는가 하면 적극적인 행함과 섬김으로 상대를 감동시킬 수 있는 차원이 있습니다. 나아가 생명까지 줄 수 있는 차원이 있으며 그 행함이 끝까지 변함없을 때 온 영을 이루었다 할 수 있지요.

성령의 열매가 맺힌 정도를 볼 때에도 차이가 납니다. 영의 사람은 50퍼센트 채운 열매가 있는가 하면, 70퍼센트 채운 열매도 있습니다. 사랑의 열매는 풍성한데 절제의 열매는 부족하거나 충성의 열매는 크지만 온유의 열매는 약할 수 있는 것입니다.

그러나 온 영의 사람은 성령의 열매 하나하나가 100퍼센트 온전히 맺힌 상태입니다. 이러한 사람은 성령께서 100퍼센트 마음을 주관하고 인도하시므로 모든 분야에 부족함이 없이 조화를 이룹니다. 주님을 향한 뜨거움과 불같은 열정이 있으면서도 필요한 시점에 정확하게 맺고 끊음으로써 절제할 수 있는 능력이 있습니다.

솜털같이 온유하고 유순하면서도 때로는 사자같이 담대하고 엄위한 권세가 있습니다. 범사에 상대의 유익을 구하고 생명까지도 줄 수 있는 사랑이 있으되 사사로운 감정에 치우치지 않고 하나님 공의 가운데 순종해 나갑니다. 하나님께서 사람으로서는 불가능한 어떤 일을 명하셔도 오직 "예"와 "아멘"으로 순종하지요.

겉으로 볼 때 영의 사람과 온 영의 사람에게 나타나는 순종의 행함이 같은 것 같아도 실상은 차이가 있습니다. 영의 사람이 하나님을 사랑하기 때문에 말씀대로 순종한 것이라면 온 영의 사람은 하나님의 마음을 깊이 헤아려 순종하는 차원입니다. 이처럼 온 영의 사람은 모든 분야에서 하나님의 마음을 닮은 참 자녀요, 장성한 그리스도의 분량에 이르렀기 때문에 거룩함과 화평함을 온전히 이루며 온 집에 충성합니다.

데살로니가전서 4장 3절에 보면 "하나님의 뜻은 이것이니 너희의 거룩함이라" 했고, 5장 23절에는 "평강의 하나님이 친히 너희로 온전히 거룩하게 하시고 또 너희 온 영과 혼과 몸이 우리 주 예수 그리스도 강림하실 때에 흠 없게 보전되기를 원하노라" 하셨습니다. 주님이 강림하신다는 것은 7년 환난이 오기 전에 그의 자녀들을 데리러 오신다는 의미입니다. 그 전에 온 영을 이루어 흠 없게 보전하고 있다가 주님을 영접하라는 말씀이지요. 온 영을 이루면 영에 속한 혼과 육으로 바뀌고 주님을 흠 없는 상태에서 맞이할 수 있습니다.

영의 사람은 영혼이 잘되었으므로 범사가 잘되고 강건합니다(요삼 2). 마음의 악까지 버렸기 때문에 진정으로 하나님의 거룩한 자녀라 할 수 있습니다. 그러니 빛의 자녀로서 영적인 권세를 본격적으로 누릴 수 있습니다.

첫째로, 질병에 걸리지 않고 강건한 삶을 영위합니다. 우리가 영으로 들어가면 하나님께서 질병이나 사고로부터 지켜 주시니 건강한 삶을 살아갈 수 있습니다. 나이가 들어도 노쇠하지 않고 주름이 더 늘지 않습니다. 나아가 온 영으로 들어가면 주름살도 펴지고 탄력 있고 윤기 있는 피부가 되며, 회춘하여 강건한 체력으로 회복됩니다.

아브라함이 이삭을 바치는 시험을 통과하고 온 영으로 들어가니 140세가 넘어서도 자녀를 여섯 명이나 낳았습니다. 회춘했다는 증거이지요. 또한 모세는 지상의 모든 사람보다 온유함이 승하였기에 80세에 부름 받았어도 40년 동안 열정적으로 일할 수 있었고, 120세에도 눈이 흐리거나 기력이 쇠하지 않았습니다. 영의 사람은 자신과도 화평을 이룹니다. 마음에 악이 없기 때문에 누구를 판단하거나 시기하지 않으니 항상 기쁘고 평안합니다. 주변 사람에게도 신뢰받으며 화평하므로 가정이나 주변의 복음화도 쉽게 이룹니다.

둘째로, 마음에 악이 없으므로 원수 마귀 사단이 시험 환난을 주지 못합니다. 요한일서 5장 18절에 "하나님께로서 난 자마다 범죄치 아니하는 줄을 우리가 아노라 하나님께로서 나신 자가 저를 지키시 매 악한 자가 저를 만지지도 못하느니라" 하신 대로 온전히 지킴을 받습니다. 원수 마귀 사단은 육의 사람을 송사하여 시험 환난을 가 져다줍니다.

욥은 본성 속에 있는 악을 버리지 않은 상태였기 때문에 사단이 송사할 때 하나님이 허락하실 수밖에 없었지요. 그는 사단의 송사 로 연단을 받으면서 자신의 악을 발견하여 회개하였습니다. 본성 속의 악까지 버리고 영으로 들어가니 사단이 더는 욥을 송사할 수 없었습니다. 하나님께서는 이러한 욥을 갑절로 축복해 주셨습니다.

셋째로, 성령의 주관을 정확하게 받고 순종하므로 범사에 형통한 길로 인도받습니다. 영의 사람은 마음 자체가 진리로 변화되어 말씀 이 완전히 생활화되어 있습니다. 그래서 행함도 저절로 진리로만 나 옵니다. 성령의 주관을 정확히 받으며 그에 온전히 순종합니다. 또 한 어떤 일을 이루기 위해 한번 믿고 기도했으면 응답될 때까지 요 동하지 않는 믿음으로 인내합니다. 이렇게 순종만 하는 사람이 되면 하나님께서 밝히 주관해 가시며 지혜와 명철도 주십니다. 온전히 하 나님께 맡기고 행할 때에는 혹 순간적인 실수로 그분의 뜻과 다른 길로 간다 해도 지켜 주시고, 앞길에 악인이 파놓은 함정이 있다 해 도 간섭하여 돌아가게 하거나 합력하여 선을 이루게 하십니다.

넷째로, 구하는 대로 신속히 응답받으며 마음에 품기만 해도 응답받을 수 있습니다. 요한일서 3장 21~22절에 "사랑하는 자들아 만일 우리 마음이 우리를 책망할 것이 없으면 하나님 앞에서 담대함을 얻고 무엇이든지 구하는 바를 그에게 받나니 이는 우리가 그의 계명들을 지키고 그 앞에서 기뻐하시는 것을 행함이라" 하신 말씀이 그대로 임하기 때문입니다. 육으로 보기에는 별다른 기술이나 재능이 없는 사람도 영으로 들어가면 하나님께서 예비하셨다가 인도하므로 영적 축복뿐 아니라 물질의 축복도 넘칩니다.

우리가 믿음으로 심고 구할 때에는 누르고 흔들어 넘치는 축복을 받지만(눅 6:38), 영으로 들어가면 30배 이상, 온 영이 되었을 때에는 60배, 100배로 거두며 마음에 소원을 품기만 해도 응답을 받습니다.

온 영의 사람이 받는 축복은 이루 말할 수 없습니다. 하나님이 기뻐하시니 시편 37편 4절에 "또 여호와를 기뻐하라 저가 네 마음의 소원을 이루어 주시리로다" 하신 말씀대로 물질이나 명예, 권세, 건강 등 필요한 것에 하나님께서 먼저 아시고 응답하십니다. 이러한 사람은 개인적으로는 부족함을 느끼거나 기도할 것이 별로 없으므로 항상 하나님 나라와 의를 구하며 하나님을 알지 못하는 영혼을 위해 간절히 기도합니다. 마음에 악이 없는 선한 기도와 영혼을 위한 사랑의 간구가 아름답고 진한 향으로 하나님께 올려지니 얼마나 기뻐하시겠습니까.

이처럼 온 영으로 들어간 사람이 영혼을 사랑하여 불같은 기도를

쌓으면 "오직 성령이 너희에게 임하시면 너희가 권능을 받고"(행 1:8)
하신 말씀대로 하나님의 놀라운 권능이 나타납니다. 이렇게 영과
온 영의 사람은 하나님을 지극히 사랑하며 기쁘시게 하는 참 자녀
가 되었으므로 성경에 기록된 모든 축복의 말씀이 임합니다.

Chapter 2

하나님의
본래의 뜻

하나님은 아담이 참된 행복이나 기쁨과 감사, 사랑 등을
모르는 상태로 영원히 살기를 원치 않으셨습니다.
그래서 선악과를 두고 아담으로 하여금 육의 모든 것을 체험케 하신 것입니다.

이 땅에서 육의 사람을 영의 사람으로 환원시키는 과정이 바로 인간 경작입니다. 이런 과정이나 목적을 모르고 단순히 교회만 왔다갔다한다면 무슨 소용이 있겠습니까? 신앙생활을 하면서도 성령 체험을 하지 못한 채 구원의 확신이 없는 사람이 참으로 많습니다. 우리가 신앙생활을 하는 목적은 단지 구원받는 데 그치는 것이 아니라 하나님의 형상을 회복하여 참 자녀로서 아버지 하나님과 영원히 사랑을 주고받으며 영광 돌리는 데 있습니다.

그러면 하나님께서 생령 아담을 만들고 인간 경작을 하시는 본래의 뜻은 무엇일까요? 창세기 2장 7~8절을 보면 "여호와 하나님이 흙으로 사람을 지으시고 생기를 그 코에 불어넣으시니 사람이 생령이 된지라 여호와 하나님이 동방의 에덴에 동산을 창설하시고 그 지으신 사람을 거기 두시고" 했습니다.

하나님은 천지 만물을 창조할 때 대부분 말씀으로 하셨지만 사람은 친히 흙으로 빚으셨습니다. 또한 천국에 있는 천군이나 천사 등은 영으로 창조하셨지만 장차 천국에 갈 사람은 영으로 창조하지 않으셨습니다. 영으로 창조하지 않고 왜 굳이 흙으로 만드는 복잡한 과정을 거친 것일까요? 여기에는 특별한 섭리가 있습니다.

사람을 왜 영으로 창조하시지 않았나?

하나님이 사람을 흙이 아닌 영으로만 창조했다면 육을 체험할 수 없습니다. 영으로만 지음 받았다면 하나님 말씀에 순종하여 영원히 선악과를 따먹지 않았을 것입니다. 흙은 무엇을 섞으면 변하는 성질이 있습니다. 아담이 영에 속한 공간에 있었음에도 변질된 것은 흙으로 창조되었기 때문입니다. 그렇다고 아담이 처음부터 변질된 것은 아닙니다.

에덴동산은 하나님의 기운으로 가득한 영의 공간이므로 사단이 아담의 마음에 육의 속성을 심으려 해도 불가능했습니다. 그렇지만 이때 한 가지 조건이 있었지요. 하나님께서 아담에게 자유 의지를 주셨기 때문에 아담 자신이 자유 의지 가운데 육을 받아들이지 않아야 한다는 것입니다. 비록 생령이라 해도 육을 받아들이면 육이 틈탈 수밖에 없습니다. 그런데 오랜 세월이 흐른 뒤 아담은 스스로 마음을 열고 사단의 미혹에 넘어가 육을 받아들이고 말았습니다.

실상은 하나님께서 자유 의지를 주신 것부터가 결국 인간 경작을 위한 것이었습니다. 자유 의지를 주지 않으셨다면 아담은 아예 육을 받아들이지도 않았겠지만 인간 경작 자체가 이루어지지도 않았을 것입니다. 하나님의 섭리 가운데 인간 경작은 시작되어야 했기 때문에 모든 것을 아시는 하나님께서는 아담을 영으로 창조하시지 않았습니다.

자유 의지와 명심의 중요성

이처럼 하나님이 아담을 흙으로 창조하고 자유 의지를 주신 데에는 인간 경작을 위한 깊은 섭리가 있었지요. 인간 경작이라는 과정을 거쳐야만 하나님께서 원하시는 참 자녀로 나올 수 있기 때문입니다.

"선악을 알게 하는 나무의 실과는 먹지 말라 네가 먹는 날에는 정녕 죽으리라"(창 2:17)

아담에게 죄가 들어온 것은 자유 의지가 있었기 때문이지만 또 한 가지 이유는 하나님 말씀을 명심하지 못했기 때문입니다. 명심(銘心)이란 어떤 말이나 사실을 잊지 않도록 마음에 깊이 새겨 두는 것입니다. 영적으로는 하나님 말씀을 마음에 새겨 변함없이 행하는 것을 의미합니다. 우리 주변에는 같은 실수를 되풀이하는 사람이 있는가 하면, 반복하지 않는 사람이 있습니다. 바로 명심의 차이입니다. 여기서 명심이 중요한 이유는 아담이 명심하지 못하여 죄가 들어왔다면 거꾸로 우리는 명심하여 하나님 말씀에 순종해 나감으로써 다시 영을 회복할 수 있기 때문입니다.

예수 그리스도를 영접하고 성령을 받은 사람은 원죄로 죽었던 영이 살아납니다. 이후 말씀을 명심하여 행하는 사람은 그만큼 성령으로 영을 낳아가므로 신속하게 영적 성장을 이룰 수 있습니다. 말씀을 명심하여 순종하고 변함없이 행하는 것이 영의 회복에 매우 중요한 역할을 하는 것입니다.

인간을 지으신 목적

천국에는 하나님 말씀에 오직 순종만 하는 천사와 같은 영적인 존재가 많이 있습니다. 하지만 특별한 몇몇을 제외하고 그들에게는 사랑을 주고받을 수 있는 인성, 즉 스스로 선택할 수 있는 자유 의지가 없습니다. 그래서 하나님은 서로 참된 사랑을 나눌 수 있는 존재로서 첫 사람 아담을 만드신 것입니다.

첫 사람 아담을 지으며 행복해하셨을 하나님의 모습을 상상해 보시기 바랍니다. 아담의 입을 만들며 하나님을 찬양하기 원하셨고, 귀를 만들면서 하나님의 음성에 귀 기울여 순종하는 자녀가 되기를 원하셨지요. 또한 눈을 만들면서 눈으로 만물의 아름다움을 느끼며 하나님께 영광 돌리기를 원했습니다. 이처럼 사람을 통해 찬양과 영광을 받으며 사랑을 주고받는 것이 하나님께서 사람을 지으신 목적입니다. 우주 만물과 천국의 아름다움을 함께 나누며 행복을 누릴 자녀를 얻기 원하신 것입니다.

요한계시록을 보면 구원받은 하나님의 자녀들이 하나님 보좌 앞에서 세세토록 경배드리는 것을 알 수 있습니다. 탄성이 저절로 나올 정도로 아름답고 행복한 천국에 와 보니 하나님께서 베푸신 모든 섭리가 깊고 오묘하기에 찬양과 경배가 마음 중심에서 나올 수밖에 없는 것입니다. 사람이 생령으로 지음 받았다가 육의 사람이 되어 희로애락을 다 경험하고 난 뒤 다시 영의 사람이 되었을 때 비로소 하나님 앞에 마음 중심에서 우러나오는 진정한 사랑과 감사와 영광을 돌리는 참 자녀가 될 수 있습니다.

아담이 에덴동산에 살 때에는 참 자녀라 할 수 없었습니다. 하나님께서는 아담에게 오직 선과 진리만 가르치셨기 때문에 그는 죄와 악이 무엇인지, 불행과 고통이 무엇인지 몰랐습니다. 에덴동산은 영의 공간이므로 썩거나 변질되는 것과 죽음이 없었지요.

그러니 아담은 죽음의 의미도 알지 못했습니다. 풍요롭고 평안한 삶을 살기는 했지만 진정한 행복이나 기쁨, 감사 등은 느낄 수 없었습니다. 슬픔이나 불행을 체험하지 못했기 때문에 상대적인 기쁨과 행복을 알지 못했고 미움이 무엇인지 몰랐기에 참된 사랑을 알지 못했던 것입니다. 하나님은 아담이 참된 행복이나 기쁨과 감사, 사랑을 모른 채 영원히 살기를 원치 않으셨습니다. 그래서 선악과를 두고 사람으로 하여금 육을 경험하게 하신 것입니다.

헛되고 썩어질 육의 세계를 겪어본 사람이 다시 하나님의 자녀가 되었을 때 영이 얼마나 좋고 아름다우며 진리가 얼마나 소중한지 깨닫고 영생을 선물로 주신 하나님의 사랑에 진정 감사할 수 있습니다. 이러한 하나님의 마음을 안다면 '왜 선악과를 만들어 사람을 고통받게 하셨는가?' 하고 의아해하며 불평하지 않을 것입니다. 오히려 경작의 과정을 허락하고 육으로 변질된 사람을 구원하기 위해 독생자까지 내주신 하나님의 사랑에 깊이 감사하며 영광 돌리게 됩니다.

하나님께서는 참 자녀를 얻을 뿐 아니라 이들을 통해 영광받기 위해 경작하고 계십니다. 그래서 이사야 43장 7절에 "무릇 내 이름으로 일컫는 자 곧 내가 내 영광을 위하여 창조한 자를 오게 하라 그들을 내가 지었고 만들었느니라" 말씀하지요. 또한 고린도전서 10장 31절에는 "그런즉 너희가 먹든지 마시든지 무엇을 하든지 다 하나님의 영광을 위하여 하라" 하셨습니다.

사랑과 공의의 하나님은 우리를 구원하기 위해 독생자까지 주시고 천국과 영생을 예비해 놓으셨습니다. 이 자체만으로도 영광을 받으시기에 충분합니다. 그러나 하나님께서 이 말씀을 하신 것은 영광을 받고자 하는 욕심이 있어서가 아닙니다. 하나님이 영광을 받기 원하시는 궁극적인 이유는 바로 영광 돌린 사람에게 영광을 돌려주기 위해서입니다. 요한복음 13장 32절에 "만일 하나님이 저로 인하여 영광을 얻으셨으면 하나님도 자기로 인하여 저에게 영광을 주시리니 곧 주시리라" 말씀한 대로입니다.

하나님께서는 우리를 통해 영광을 받으시고 이 땅에서 넘치게 축복할 뿐 아니라 장차 천국에 이르면 영원한 영광으로 되돌려 주십니다. 고린도전서 15장 41절을 보면 "해의 영광도 다르며 달의 영광도 다르며 별의 영광도 다른데 별과 별의 영광이 다르도다" 말씀합니다. 구원받은 사람이 천국에서 누리는 처소와 영광이 각각 달라질 것을 말씀한 것입니다. 이 땅에서 얼마나 죄를 버리고 깨끗한 마음을 이루었으며 하나님 나라를 위해 충성했는가에 따라 천국의 처소와 영광이 결정되며 이는 영원토록 변함이 없습니다.

하나님께서는 영에 속한 참 자녀를 얻기 위해 사람을 지으셨습니다. 자유 의지 가운데 비진리에 속한 육과 혼을 버리고 영과 온 영의 사람으로 변화되는 것이 하나님의 본래의 뜻입니다. 이러한 사람을 통해 하나님께서 인간을 창조하고 경작하시는 궁극적인 목적이 이루어집니다.

오늘날 하나님이 사람을 지으신 목적에 맞게 살아가는 사람이 과연 얼마나 될까요? 하나님께서 사람을 만드신 목적을 분명히 안다면 아담의 범죄로 잃었던 하나님의 형상을 온전히 되찾아야 할 것입니다. 진리로 보고 듣고 말하며, 생각하고 행하는 모든 것이 거룩하고 온전해야 하나님이 첫 사람 아담을 만들고 기뻐하신 그 이상의 기쁨을 드리는 참 자녀가 될 수 있습니다. 이러한 자녀는 장차 천국에서, 생령 아담이 에덴동산에서 누렸던 것과는 비교할 수도 없는 영광의 자리에 이릅니다.

Chapter 3

사람의 참모습

하나님은 자기의 형상을 따라 사람을 창조하셨습니다.
우리가 잃어버린 하나님의 형상을 회복하여
신의 성품에 참여하는 것이 하나님의 간절하신 뜻입니다.

사람의 본분이란?

하나님이 동행해 주신 에녹

하나님의 벗 아브라함

자신의 생명보다 백성을 사랑한 모세

신과 같이 보였던 사도 바울

신이라 하셨거든

우리가 하나님 말씀대로 행하면 죄를 짓기 전 생령 아담과 같이 진리의 지식이 채워진 영의 마음으로 회복될 수 있습니다. 아담의 범죄로 잃어버린 하나님의 형상을 회복하여 신의 성품에 참여하는 것이 사람의 본분입니다.

성경을 보면 하나님 말씀을 받아 전하거나 하나님이 알려 주신 비밀한 일을 말하고 권능을 행하여 살아 계신 하나님을 확실히 증거하는 사람들은 하나님께 크게 영광 돌렸으며 왕이라도 엎드려 절할 정도로 존귀하게 여김받았습니다. 지극히 높으신 하나님의 아들이며 참 자녀이기 때문입니다(시 82:6).

바벨론의 느부갓네살 왕이 하루는 꿈을 꾸고 마음이 번민하였습니다. 술사들을 불러 꿈 내용은 말하지 않고 그 꿈과 해석을 내놓으라고 다그칩니다. 그러나 이것은 사람의 능력으로 할 수 없고, 육체에 거하지 않는 신, 곧 하나님만이 하실 수 있는 일이지요.

이에 하나님의 사람 다니엘은 왕에게 기한을 구하며 그 해석을 보여 드리겠다고 약속합니다. 하나님께서는 밤에 이상으로 이 은밀한 것을 다니엘에게 나타내 보이시지요. 다니엘은 왕 앞에 나가 왕의 꿈과 해석을 말합니다. 그러자 느브갓네살 왕은 엎드려 다니엘에게 절하고 예물과 향품을 주며 하나님께 영광 돌리는 것을 볼 수 있습니다(단 2, 3장).

사람의 본분이란?

솔로몬 왕은 그 누구보다 화려하고 풍요로운 삶을 누린 사람입니다. 아버지 다윗 왕이 이루어 놓은 통일국가를 바탕으로 국력이 강성해지니 주변의 많은 나라가 조공을 바쳐왔으며 번영의 절정을 이뤘습니다(왕상 10장). 하지만 그는 세월이 흐르면서 하나님의 은혜를 잊었습니다. 모든 것이 자신의 힘으로 된 것처럼 생각한 것이지요. 하나님 말씀을 소홀히 여긴 솔로몬은 이방인과 통혼하지 말라는 계명을 어기고 말년에 수많은 이방 여인을 후궁으로 취하였습니다. 게다가 이방 여인들이 원하는 대로 산당을 짓고 자신도 우상을 섬깁니다.

하나님께서 두 번이나 이방신을 좇지 말 것을 경고하셨는데도 솔로몬이 순종하지 않자 진노가 임하여 다음 대에 이스라엘은 남북 왕조로 갈라졌습니다. 원하는 것은 무엇이든 취할 수 있었지만 그는 말년에 삶을 되돌아보며 '헛되고 헛되며 헛되고 헛되니 모든 것이 헛되도다' 라는 고백을 합니다. 세상의 모든 것이 헛되다는 것을 철저히 깨우친 그는 "일의 결국을 다 들었으니 하나님을 경외하고 그 명령을 지킬지어다 이것이 사람의 본분이니라"(전 12:13)고 결론을 맺었습니다.

하나님을 경외하고 그 명령을 지키는 것이 사람의 본분이라 했는데 이는 어떤 의미일까요? 하나님을 경외하는 것은 악을 미워하는 것입니다(잠 8:13). 하나님을 사랑하는 사람은 악을 버리며 그 명령인 말씀대로 지켜나가니 사람의 본분을 되찾게 됩니다. 주님의 마음을 온전히 닮아 하나님의 형상을 회복했을 때 비로소 사람의 참모습이라 할 수 있습니다. 그러면 하나님께서 기뻐하시는 믿음의 선진들을 통해 사람의 참모습에 대해 살펴보겠습니다.

하나님이 동행해 주신 에녹

하나님은 에녹과 삼백 년 동안 동행하다가 산 채로 데려가셨습니다. 죄의 삯이 사망인데 에녹이 죽음을 보지 않고 들림받은 것은 하나님이 그를 죄가 없다고 인정하신 증거입니다. 하나님 마음을 닮아 흠과 티가 없는 깨끗한 마음을 이룬 것입니다. 그러므로 원수 마귀 사단이 송사할 수 없었고 산 채로 들림받을 수 있었습니다.

"에녹은 육십오 세에 므두셀라를 낳았고 므두셀라를 낳은 후 삼백 년을 하나님과 동행하며 자녀를 낳았으며 그가 삼백육십오 세를 향수하였더라 에녹이 하나님과 동행하더니 하나님이 그를 데려 가시므로 세상에 있지 아니하였더라"(창 5:21~24)

하나님과 동행한다는 것은 하나님이 모든 것을 함께하신다는 뜻입니다. 에녹은 삼백 년 동안 하나님의 뜻대로 살았습니다. 하나님께서는 그가 어디를 가나 함께해 주셨지요.

하나님은 빛이요, 선과 사랑 자체이십니다. 이러한 하나님과 동행하려면 마음에 어둠이 조금도 없어야 하며, 선과 사랑이 충만해야 합니다. 에녹은 죄악된 세상에 살면서도 자신을 경건하게 지켰을 뿐 아니라 하나님의 메시지를 세상에 전했습니다. 유다서 1장 14절에 "아담의 칠 세 손 에녹이 사람들에게 대하여도 예언하여 이르되 보라 주께서 그 수만의 거룩한 자와 함께 임하셨나니" 하신 대로 주님의 재림과 심판에 대해 알렸지요.

성경에는 에녹이 큰 업적을 남겼다거나, 특별한 사명을 감당했다는 기록이 없습니다. 그러나 하나님을 경외하여 악에서 떠나 성결한 삶을 산 그를 하나님께서 얼마나 사랑하셨던지 하루라도 빨리 곁에 두고자 젊은 나이에 데려가셨습니다. 당시 사람이 약 9백 년을 살았는데 에녹은 365세였으니 청년의 나이에 데려간 것입니다.

"믿음으로 에녹은 죽음을 보지 않고 옮기웠으니 하나님이 저를 옮기심으로 다시 보이지 아니하니라 저는 옮기우기 전에 하나님을 기쁘시게 하는 자라 하는 증거를 받았느니라"(히 11:5)

오늘날도 마찬가지입니다. 하나님께서는 우리와 항상 동행하실 수 있도록 세속에 물들지 않은 맑고 아름다운 마음으로 경건한 삶을 살기 원하십니다.

하나님의 벗 아브라함

하나님은 믿음의 조상 아브라함을 통해 참 자녀의 모습을 인류에게 알리기 원하셨습니다. 아브라함은 복의 근원이며 하나님의 벗이라 인정을 받은 사람입니다. 벗이란 그만큼 가깝고 신뢰하여 비밀이라도 털어놓을 수 있는 존재입니다. 물론 아브라함이 전폭적으로 하나님을 신뢰하기까지에는 몇 차례 연단의 시간이 있었습니다. 과연 아브라함은 어떻게 하나님의 벗이라는 인정을 받았을까요?

아브라함은 오직 예와 아멘으로 순종하였습니다. 처음 하나님의 부름을 받아 고향을 떠날 때에도 목적지를 알지 못했지만 말씀대로 순종합니다. 아브라함은 또한 상대의 유익을 구하며 화평을 좇는 사람이었습니다. 조카 롯과 함께 살다가 갈라져야 했을 때 조카에게 먼저 땅을 선택할 권한을 주었습니다. 연장자인 자신이 먼저 좋은 땅을 선택할 권한이 있었지만 양보하였지요.

"네가 좌하면 나는 우하고 네가 우하면 나는 좌하리라"(창 13:9)

이런 아름다운 마음을 가진 아브라함에게 하나님은 다시 한 번 축복의 언약을 주십니다. 창세기 13장 15~16절에 보면, 사방에 보이는 땅을 영원히 아브라함과 그 자손에게 주리라 하셨고 또 "내가 네 자손으로 땅의 티끌 같게 하리니 사람이 땅의 티끌을 능히 셀 수 있을진대 네 자손도 세리라" 약속하셨습니다.

조카 롯이 살던 소돔과 고모라성에 여러 왕이 연합하여 사람들과 재물까지 노략한 사건이 일어났을 때의 일입니다. 그는 집에서 길리고 연습한 자 삼백십팔 인을 거느리고 그들을 추격하여 쳐서 파하고 빼앗겼던 재물과 사람들을 다 찾아왔습니다.

이때 소돔 왕이 보답하는 마음으로 재물을 주려고 하자, 아브라함은 "네 말이 내가 아브람으로 치부케 하였다 할까 하여 네게 속한 것은 무론 한 실이나 신들메라도 내가 취하지 아니하리라" 합니다. 재물을 받는다 해서 불의한 것은 아니지만 그는 자신이 받은 축복이 오직 하나님께로부터 온 것임을 증거하기 위해 미련없이 거절한 것입니다. 이처럼 사욕이 없는 깨끗한 마음으로 하나님의 영광만을 구했기에 하나님께서는 항상 넘치게 축복하셨습니다.

아브라함은 백 세에 낳은 아들 이삭을 번제로 드리라 했을 때에도 즉시 순종했습니다. 죽은 자도 다시 살리실 전능자 하나님을 신뢰했기 때문입니다. 이런 아브라함이었기에 하나님은 "너를 축복하는 자에게는 내가 복을 내리고 너를 저주하는 자에게는 내가 저주하리라" 하셨고 믿음의 조상이라 칭하셨습니다. 그뿐 아니라 인류를 구원할 하나님의 아들 예수님도 그 후손을 통해 나오리라는 약속까지 주셨지요.

요한복음 15장 13절에 "사람이 친구를 위하여 자기 목숨을 버리면 이에서 더 큰 사랑이 없나니" 했습니다. 아브라함은 자신의 목숨보다 귀한 독자를 바침으로써 하나님에 대한 가장 큰 사랑을 나타냈습니다. 하나님은 이렇게 큰 믿음과 사랑으로 벗이라 칭함을 받은 아브라함을 인간 경작의 표본으로 세우셨습니다.

하나님께서는 무엇이든 할 수 있고 주실 수 있는 전능자입니다. 하지만 자녀들이 경작을 통해 진리로 변화되는 만큼 축복과 응답을 주시고, 그에 대한 감사와 감동함 속에서 하나님의 사랑을 느끼기 원하십니다.

자신의 생명보다 백성을 사랑한 모세

모세는 애굽의 왕자로 있을 때에 자기 백성을 돕기 위해 애굽 사람을 죽이고 바로의 궁에서 도망쳐야 했습니다. 그때로부터 40년 동안 광야에서 양치기 생활을 합니다. 미디안 광야에서 양을 돌보며 비천한 처지에 놓인 모세는 이전에 왕자로서 살았던 자존심과 자기 의 등이 모두 깨질 수밖에 없었습니다. 낮아지고 겸손해진 모세 앞에 하나님께서 나타나 이스라엘 백성을 출애굽시키라는 사명을 주십니다. 모세로서는 생명을 걸어야 할 일이었지만 순종하여 바로 왕에게 나아갔습니다.

성경 속에서 이스라엘 백성의 행함을 보면, 과연 이 모든 백성을 품는 모세가 얼마나 대단한 사람이었는지 알 수 있습니다. 백성들은 위험이 닥치니 모세를 원망하고 돌을 들어 치려 합니다. 물이 없으면 목마르다 불평하고, 물이 나오니 먹을 것이 없다 합니다. 하나님이 주신 만나를 먹게 하니 고기가 없다 불평할 뿐 아니라 애굽에서는 좋은 것을 먹었다면서 만나를 '박한 식물'이라고 깎아 내립니다.

그러다가 진노하신 하나님이 외면하니 사막의 불뱀에 물려 죽어갑니다. 이때 하나님이 모세의 간절한 기도를 들으심으로써 살아날 수 있었습니다. 백성들은 많은 세월 동안 하나님이 함께하시는 것을 보았어도 모세가 잠시 안 보이자 금으로 송아지 형상을 만들어 숭배했을 뿐 아니라 이방 여인들의 유혹에 넘어가 영적인 음행을 했습니다. 모세는 그들을 대신하여 눈물로 하나님께 회개했습니다. 은혜를 모르는 백성을 위해 자기 생명을 담보로 하여 기도한 것입니다.

"슬프도소이다 이 백성이 자기들을 위하여 금신을 만들었사오니 큰 죄를 범하였나이다 그러나 합의하시면 이제 그들의 죄를 사하시옵소서 그렇지 않사오면 원컨대 주의 기록하신 책에서 내 이름을 지워 버려주옵소서"(출 32:31~32)

여기서 주의 기록하신 책에서 이름을 지운다는 것은 구원받지 못하고 영원한 사망인 지옥 불에 던져져 세세토록 고통받아야 한다는 의미입니다. 모세는 이를 알지만 자신을 희생해서라도 백성의 죄를 용서해 주시기를 간구했습니다. 이런 모세를 보실 때, 하나님의 마음이 어떠하셨을까요? 죄는 미워하되 죄인은 구원하기 원하시는 하나님의 깊은 마음까지 헤아리는 모세를 하나님은 매우 기뻐하고 사랑하셨습니다. 이 사랑의 간구를 하나님이 들으심으로 이스라엘 백성은 멸망하지 않을 수 있었습니다.

만일 여러분 앞에 주먹만한 크기의 흠도 티도 없는 다이아몬드가 하나 있고 또 한편에는 그만한 돌멩이가 수만 개 있다면 과연 어느 쪽이 더 귀하겠습니까? 돌멩이가 아무리 산더미같이 쌓여 있다 해도 다이아몬드와 바꿀 사람은 없을 것입니다. 마찬가지로 인간 경작의 목적에 맞게 하나님의 마음을 이뤄낸 모세 한 사람의 가치는 그렇지 못한 백성 수백만 명보다 귀했습니다(출 32:10).

이런 모세를 하나님이 얼마나 사랑하셨는지 곳곳에 기록되어 있습니다. 출애굽기 33장 11절에 "사람이 그 친구와 이야기함같이 여호와께서는 모세와 대면하여 말씀하시며" 했고, 출애굽기 33장을 보면 주의 영광을 보여 달라는 모세의 요청에 하나님은 기꺼이 응답해 주십니다.

신과 같이 보였던 사도 바울

사도 바울은 생명 다해 주의 일을 하면서도 자신이 주를 핍박했던 과거를 항상 마음 아파했습니다. "나는 사도 중에 지극히 작은 자라 내가 하나님의 교회를 핍박하였으므로 사도라 칭함을 받기에 감당치 못할 자로라"(고전 15:9) 하며 큰 연단도 감사함으로 받았습니다.

복음을 전하다 매를 수없이 맞고 옥에 갇혔으며 자기 동족인 유대인에게 사십에 하나 감한 매를 다섯 번 맞았으며 세 번 태장으로 맞고 돌에 맞았는가 하면 바다에서 파선하여 일주야를 지냈습니다. 강의 위험과 강도의 위험과 시내와 광야의 위험을 당하며 거짓 형제들에게 배신을 당하고 여러 번 자지 못하고 굶고 춥고 헐벗는 등살 소망이 끊어질 정도로 엄청난 고난을 겪어야 했지요.

그 고난이 얼마나 심했으면 고린도전서 4장 9절에는 "내가 생각

건대 하나님이 사도인 우리를 죽이기로 작정한 자같이 미말에 두셨으매 우리는 세계 곧 천사와 사람에게 구경거리가 되었노라" 고백했습니다.

그러면 왜 하나님은 그토록 충성하는 바울에게 온갖 핍박과 환난을 허락하신 것입니까? 하나님은 이를 통해 사도 바울이 수정같이 맑고 아름다운 마음으로 나오기를 원하셨습니다. 언제 붙잡혀 죽을지 모르는 상황에서 바울은 하나님 한 분밖에 의지할 곳이 없었습니다. 하나님 안에서 위로와 기쁨을 얻으며 철저히 자신을 부인하면서 주님의 마음을 온전히 이뤄갔습니다.

이렇게 연단을 통해 아름다운 영혼으로 나온 사도 바울의 고백은 얼마나 큰 감동을 주는지요? 실로 사람이 감당하기 힘든 고난을 받으면서도 사도 바울이 간절히 원한 것은 그것을 피하는 것이 아니었습니다. 고린도후서 11장 28절에 "이 외의 일은 고사하고 오히려 날마다 내 속에 눌리는 일이 있으니 곧 모든 교회를 위하여 염려하는 것이라" 한 대로 오직 교회와 성도들에 대한 사랑을 고백합니다.

또한 로마서 9장 3절에는 자기를 죽이려 하는 동족에 대해서도 "나의 형제 곧 골육의 친척을 위하여 내 자신이 저주를 받아 그리스도에게서 끊어질지라도 원하는 바로라" 하였습니다. 여기서 골육의 친척은 유대인과 바리새인으로서 당시 바울을 심하게 핍박하고 훼방한 사람들입니다.

사도행전 23장 12~13절에는 "유대인들이 당을 지어 맹세하되 바울을 죽이기 전에는 먹지도 아니하고 마시지도 아니하겠다 하고 이같이 동맹한 자가 사십여 명이더라" 했습니다. 그들은 바울과 개인적인 감정이나 원한이 있는 것이 아닙니다. 바울이 그들에게 거짓말을 하거나 어떤 해를 끼친 적도 없었지요. 그런데 복음을 전하고 하나님의 권능을 나타내니 그들은 당을 지어 바울을 죽일 것을 맹세합니다.

그런데도 사도 바울은 자기는 구원받지 못할지라도 그들은 구원받을 수 있기를 간구했습니다. 이처럼 자신을 해하려 하는 이들을 위해 생명을 줄 수 있는 선을 이룬 그였기에 하나님은 큰 권능을 허락하셨습니다. 그의 몸에 닿은 손수건이나 앞치마만 가져다 얹어도 악귀가 나가고 병이 떠나는 등 희한한 능이 나타나게 하신 것입니다.

신이라 하셨거든

요한복음 10장 35절을 보면 "성경은 폐하지 못하나니 하나님의 말씀을 받은 사람들을 신이라 하셨거든" 했습니다. 우리가 하나님 말씀을 받아 행해 나가면 진리의 사람, 곧 영의 사람이 됩니다. 영이신 하나님을 닮아 영의 사람, 나아가 온 영의 사람으로 변화되는 만큼 신과 같은 존재가 될 수 있습니다.

출애굽기 7장 1절에 "여호와께서 모세에게 이르시되 볼지어다 내가 너로 바로에게 신이 되게 하였은즉 네 형 아론은 네 대언자가 되리니" 했습니다. 또 출애굽기 4장 16절에 "그가 너를 대신하여 백성에게 말할 것이니 그는 네 입을 대신할 것이요 너는 그에게 하나님 같이 되리라" 하신 대로 하나님께서는 모세를 사람 앞에서 신과 같이 보일 만큼 큰 능력으로 함께하셨습니다.

사도행전 14장을 보면 태어난 후 걸어본 적이 없는 사람을 바울이 예수 그리스도의 이름으로 일으킵니다. 그가 일어나 걷고 뛰니 사람들이 놀라서 "신들이 사람의 형상으로 우리 가운데 내려오셨다"(행 14:11)고 소리 질렀습니다. 이처럼 하나님과 동행하는 사람은 육을 입고 있어도 영의 사람이기 때문에 신과 같이 보입니다.

"이로써 그 보배롭고 지극히 큰 약속을 우리에게 주사 이 약속으로 말미암아 너희로 정욕을 인하여 세상에서 썩어질 것을 피하여 신의 성품에 참예하는 자가 되게 하려 하셨으니"(벧후 1:4)

사람이 신의 성품에 참여하는 것이 하나님의 간절하신 뜻임을 알아 어둠의 세력이 좋아하는 썩어질 육을 버리고 성령으로 영을 낳아 신의 성품에 참여해야 하겠습니다.

우리가 온 영의 차원에 이르면 온전히 영을 회복한 것입니다. 온전히 영을 회복했다는 것은 아담의 범죄 후 잃어버린 하나님의 형상을 온전히 되찾은 것이므로 신의 성품에 참여한 상태입니다. 이러한 차원에 이르면 하나님께 속한 권능을 받을 수 있습니다. 권능은 하나님을 닮은 자녀에게 주시는 사랑의 선물입니다(시 62:11). 권능의 증거로는 기사와 표적, 희한한 능, 기이한 일 등이 따르는데 이 모두가 성령의 역사로 나타나는 일들입니다.

이러한 권능을 받으면 무수한 영혼을 살릴 수 있습니다. 베드로는 성령의 능력을 힘입은 후 권능을 베풀었습니다. 그래서 그의 단 한 번의 설교로 오천 명 이상이 구원받는 놀라운 역사가 일어났지요. 이처럼 권능은 그 자체가 살아 계신 하나님께서 함께하신다는 증표요, 믿음을 심어 주는 확실한 방법이 됩니다. 사람들이 표적과 기사를 보지 못하면 도무지 믿지 않기 때문에 하나님께서는 권능으로써 하나님의 살아 계심과 예수가 우리의 구세주 되심, 그리고 천국과 지옥이 있음과 성경이 참임을 믿을 수 있도록 역사하시는 것입니다.

Chapter 4

영의 세계

성경에는 영의 세계와 영적 체험에 관한 기록이 많이 나옵니다.
우리가 이 땅의 삶을 마치고 돌아갈 곳도 영의 세계입니다.

잃어버린 하나님의 형상을 회복한 사람이 이 땅의 삶을 마치고 돌아갈 곳은 영의 세계인 천국입니다. 영의 세계는 우리가 살고 있는 육의 세계와는 달리 무한한 공간이므로 그 높이와 깊이와 넓이를 헤아릴 수 없습니다.

이처럼 드넓은 영의 세계는 하나님께 속한 빛의 공간과 하나님께서 악한 영들에게 허락하신 어둠의 공간으로 구분됩니다. 빛의 공간에는 믿음으로 구원받은 하나님의 자녀를 위해 예비된 천국이 있습니다. 히브리서 11장 1절에 "믿음은 바라는 것들의 실상이요 보지 못하는 것들의 증거니" 하신 대로 영의 세계는 믿음의 세계요, 바랄 수 없는 것을 바람으로 그것이 실상으로 나타나는 세계, 보이지 않는 것들이 증거로 나타나는 세계입니다.

믿음은 영의 세계를 시작하는 문으로서 육의 세계에 살고 있는 우리가 영의 세계에 계신 하나님을 만나는 길이 됩니다. 믿음이 있으면 영이신 하나님과 교통을 이루게 되니 영적인 귀가 열려서 하나님 말씀을 들을 수 있고, 영안이 열려서 육안으로 볼 수 없는 영의 세계도 볼 수 있습니다.

이러한 믿음이 성장할수록 천국에 대한 소망이 커지고 하나님의 마음 역시 더욱 깊이 이해하게 됩니다. 그분의 사랑을 깨우쳐 알게 되니 하나님을 사랑하지 않고는 견딜 수 없습니다. 더구나 온전한 믿음이 있으면 육의 한계를 넘어 현실로는 도저히 불가능한 영의 세계의 일들이 가능해집니다. 전지전능하신 하나님의 능력으로 함께해 주시기 때문입니다.

고린도후서 12장 1절 이하를 보면 사도 바울은 "내가 부득불 자랑하노니 주의 환상과 계시를 말하리라" 하며 자신의 영이 셋째 하늘, 곧 천국의 낙원에 다녀온 체험을 설명합니다. 6절에는 "내가 만일 자랑하고자 하여도 어리석은 자가 되지 아니할 것은 내가 참말을 함이라 그러나 누가 나를 보는 바와 내게 듣는 바에 지나치게 생각할까 두려워하여 그만두노라" 고백하기도 합니다.

사도 바울은 많은 영적 체험을 하고 계시를 받았지만 자신이 아는 영의 세계를 다 말할 수는 없었습니다. 예수님도 "내가 땅의 일을 말하여도 너희가 믿지 아니하거든 하물며 하늘 일을 말하면 어떻게 믿겠느냐" 하셨지요. 수많은 권능을 직접 보고도 온전히 믿지 못했던 제자들은 예수님의 부활을 목격한 후에는 믿음을 갖게 되었습니다. 그래서 생명도 아끼지 않고 하나님 나라와 복음 전파를 위해 헌신할 수 있었으며, 영의 세계를 잘 아는 사도 바울 역시 생명 다해 사명을 감당했습니다.

우리도 사도 바울처럼 놀라운 영의 세계를 느끼고 깨우칠 수 있는 길은 없을까요? 물론 있습니다. 무엇보다 먼저 영의 세계를 사모해야 합니다. 영의 세계에 대한 간절한 사모함이 있다는 것은 그만큼 영이신 하나님을 인정하고 사랑한다는 증거가 되기 때문입니다.

성경에 나타난 무한한 영의 세계

성경을 보면 영의 세계와 영적 체험에 대한 기록이 많이 나옵니다. 생령, 즉 살아 있는 영으로 지음 받은 첫 사람 아담은 하나님과 직접 대화할 수 있었으며, 그 후로도 수많은 선지자가 하나님과 교통하며 때로는 하나님의 음성을 들었습니다(창 5:22, 9:9~13 ; 출 20:1~17 ; 민 12:8). 또한 천사가 나타나 하나님의 뜻을 전하기도 했으며, 이 밖에 네 생물이나(겔 1:4~14) 그룹들(삼하 6:2 ; 겔 10:1, 6), 불말과 불수레, 불병거(왕하 2:11, 6:17) 등 영의 세계에 속한 것들이 성경 곳곳에 나옵니다.

하나님의 사람 모세를 통해 홍해가 갈라지고 반석에서 물이 솟았으며, 여호수아의 기도로 해와 달의 운행이 멈추기도 했습니다. 선지자 엘리야는 하나님께 기도하여 하늘로부터 불을 끌어내렸으며, 모든 사명을 마치고 회리바람을 타고 승천하였습니다. 이러한 일들은 육의 공간에서 영의 세계가 펼쳐진 경우입니다.

또한 열왕기하 6장에 보면 아람 군대가 엘리사를 잡으러 왔을 때에 사환 게하시의 영안이 열리니 불말과 불병거가 가득하여 엘리사를 지키고 있는 것이 보였지요. 다니엘은 악한 신하들의 모함으로 사자 굴에 던져졌지만 하나님께서 천사를 보내어 사자의 입을 막으시니 아무런 해를 받지 않았습니다. 다니엘의 세 친구는 믿음을 지키다가 왕의 노여움을 사서 평소보다 칠 배나 뜨거운 풀무 불에 던져졌지만 머리털 하나 그슬리지 않았습니다.

하나님의 아들로서 이 땅에 오신 예수님도 비록 육신을 입으셨지만 육의 한계에 머물지 않고 무한한 영의 세계의 일을 베푸셨습니다. 죽은 자를 살리고 온갖 질병을 고친 것은 물론, 물 위를 걸으셨습니다. 뿐만 아니라 부활하신 뒤 엠마오로 가는 제자들에게 홀연히 나타나셨고(눅 24:13~16) 유대인들을 두려워하여 문을 잠그고 모여 있던 제자들 앞에 벽을 통과해 나타나기도 했습니다(요 20:19). 이는 공간 이동을 하신 것으로 영의 세계가 시간과 공간을 초월한다는 사실을 잘 알려 줍니다. 눈에 보이는 육의 공간 외에 영의 공간이 있기에 그 공간을 이용하여 원하는 대로 나타나실 수 있었던 것입니다.

천국의 시민권을 가진 하나님의 자녀라면 당연히 영적인 것에 대한 사모함이 있어야 합니다. 이러한 사모함이 있는 사람에게는 하나님께서 "너희가 전심으로 나를 찾고 찾으면 나를 만나리라"(렘 29:13) 말씀한 대로 영의 세계를 체험할 수 있도록 해 주십니다. 그러한 사모함을 가질 뿐 아니라 악을 버리고 스스로 옳다고 만들어 놓은 의와 틀을 깨뜨려 나가는 행함이 따를 때 영으로 들어가며 하나님이 때를 좇아 영안도 열어 주십니다.

사도 요한은 예수님의 열두 제자 중 한 사람입니다(계 1:1, 9). 그는 A.D. 95년, 기독교 박해가 심했던 로마의 도미티아누스 황제 시대에 체포되어 끓는 기름 가마에 던져집니다. 그러나 죽지 않고 살아 에게 해에 있는 밧모섬에 유배됩니다. 그곳에서 요한계시록을 기록했지요.

사도 요한이 깊은 계시의 말씀을 받기 위해서는 그만한 자격을 갖추어야 했습니다. 그 자격이란 악은 모양도 없이 성결하고 주님의 마음을 닮는 것입니다. 이러한 상태에서 불같은 기도를 올릴 때 영계의 문을 뚫고 성령의 감동 가운데 비밀한 계시의 말씀까지라도 끌어 내릴 수가 있기 때문입니다.

분명히 존재하는 천국과 지옥

영의 세계에는 천국과 지옥이 있습니다. 제가 교회를 개척한 지 얼마 안 되어 기도 중에 하나님께서 천국과 지옥을 보여 주신 적이 있습니다. 천국의 아름다움이나 그 행복한 느낌은 말이나 글로 다 전할 수 없습니다.

신약 시대에 예수님을 구세주로 영접하여 죄를 용서받고 구원받은 사람은 사후에 두 천사에 의해 일단은 윗음부로 가서 3일 동안 영의 세계에 대한 적응 기간을 거친 후 낙원에 있는 천국의 대기 장소로 갑니다. 구약 시대에는 구원받을 영혼이 천국에 속한 윗음부에서 대기하고 있었습니다. 믿음의 조상 아브라함이 윗음부를 관리했기 때문에 나사로가 아브라함의 품에 안겨 있다는 기록이 나옵니다.

예수님은 십자가에 달려 죽으신 후 윗음부에 가셔서 복음을 전하셨습니다(벧전 3:19). 윗음부에서 3일간 복음을 전한 예수님은 부활하신 뒤 그곳의 영혼들을 낙원으로 데리고 가셨습니다. 그때부터 구원받은 영혼은 낙원의 가장자리에 있는 천국의 대기 장소에 머뭅니다. 그러다가 백보좌 대심판이 끝난 후 믿음의 분량에 따라 천국의 각 처소로 들어가 영원히 살게 됩니다.

백보좌 대심판이란 하나님께서 인간 경작의 섭리를 마치고 창세 이래 모든 사람을 선악 간에 심판하는 것을 말합니다. 하나님께서 심판하실 때에 앉는 보좌가 매우 밝고 찬란하여 온통 하얗게 보이므로 '백보좌 대심판'이라 한 것이지요(계 20:11). 이 대심판은 주님의 공중 강림과 지상 재림, 그리고 천년왕국이 끝난 후에 이루어지며, 구원받은 영혼에게는 상급심판, 그렇지 못한 이들에게는 형벌심판이 주어집니다.

구원받지 못한 영혼들의 사후세계

예수님을 영접하지 않고 죄 사함을 받지 못한 사람은 사후에 두 명의 지옥사자가 와서 그 영혼을 끌고 갑니다. 큰 구덩이와 같은 대기 장소에서 3일간 머물며 악한 영의 세계에 적응하기 위한 준비를 합니다. 이때부터 말할 수 없이 큰 고통이 따릅니다. 3일이 지나면 자신의 죄악에 따라 구별된 형벌의 장소인 아랫음부로 옮겨집니다. 천국도 광활하지만 지옥에 속한 아랫음부도 매우 넓으며 수많은 장소로 구분되어 구원받지 못한 영혼을 수용합니다.

백보좌 대심판이 있기 전까지는 영혼들이 아랫음부에 머물면서 제각기 죄과에 따라 벌레나 짐승에게 찢기거나 지옥사자에게 고문당하는 등 여러 형태의 형벌을 받습니다. 그리고 백보좌 대심판이 끝난 후에는 불못 또는 유황못에 들어가 영원히 고통받습니다(계 21:8).

그곳의 형벌은 아랫음부에서 받는 형벌에 비할 수 없이 고통이 극심합니다. 지옥의 불못은 우리의 상상을 초월할 정도로 뜨거우며, 유황못은 불못보다 일곱 배나 더 뜨겁고 성령 훼방, 거역, 모독 등 용서받지 못할 죄를 지은 사람이 들어갑니다.

하나님께서 저에게 보여 주신 불못과 유황못은 끝없이 광활했습니다. 마치 온천에서 자욱하게 피어오르는 증기 같은 것들로 가득한 곳에 사람들이 희미하게 보였습니다. 가슴 위의 상체가 보이는 사람이 있는가 하면 목까지 불못에 잠겨 머리만 보이는 사람도 있었습니다. 그나마 불못에서는 몸부림치며 비명을 지르기도 했지만 유황못에서는 고통이 얼마나 큰지 아예 몸을 뒤틀지도 못하는 모습이었습니다. 이처럼 보이지 않는 세계라 해도 분명히 존재한다는 사실을 믿고 기필코 구원에 이르시기 바랍니다.

해와 달의 영광이 다르듯이

사도 바울은 부활한 후의 우리 몸에 대해 설명하면서 "해의 영광도 다르며 달의 영광도 다르며 별의 영광도 다른데 별과 별의 영광이 다르도다"_(고전 15:41) 하였습니다.

해의 영광이란 이 땅에서 모든 죄를 버리고 성결되어 온 집에 충성한 사람이 차지하는 영광을, 달의 영광이란 해의 영광에 미치지 못하는 사람이 차지하는 영광을 말합니다. 별의 영광은 달의 영광보다 약한 사람이 차지하는 영광입니다. 또한 별과 별들의 영광이 다르다는 것은 별들이 각기 밝기가 다른 것처럼, 우리가 천국의 같은 처소에 들어갔다 해도 사람마다 상급과 위치가 다르다는 것을 나타내 주는 말씀입니다.

이처럼 성경은 우리가 천국에 갔을 때 각자의 영광이 다름을 알려 줍니다. 얼마나 죄를 버리고 영적 믿음을 소유했으며, 얼마나 하나님 나라를 위해 충성했느냐에 따라 처소와 상급이 달라진다는 것입니다.

천국은 믿음의 분량에 따라 여러 처소로 구분되어 있습니다. 가장 작은 믿음을 소유한 사람이 들어가는 천국의 처소를 낙원이라 말하고, 이보다 나은 곳은 1천층, 그보다 나은 곳은 2천층, 2천층보다 더 나은 곳을 3천층이라 합니다. 그리고 3천층 안에는 하나님의 보좌가 있는 거룩한 성, 새 예루살렘이 있습니다.

에덴동산과 비교할 수 없는 천국

지구에서 가장 아름다운 어떤 곳에도 비교할 수 없을 만큼 아름답고 평화로운 곳이 에덴동산입니다. 천국은 이러한 에덴동산과도 비교가 되지 않습니다. 둘째 하늘에 속한 에덴동산과 셋째 하늘에 속한 천국의 행복은 전혀 다릅니다. 에덴동산의 사람은 이 땅에서 경작을 받은 하나님의 참 자녀가 아니기 때문입니다.

이 땅의 삶이 불빛이 없는 암흑과 같은 생활이라면, 에덴동산은 호롱불을 켜고 사는 것과 같고, 천국의 낙원은 전깃불 아래 생활하는 것에 비유할 수 있습니다. 옛날에 전기가 들어오기 전에 호롱불을 켜고 살았는데 답답할 만큼 밝기가 약했지만 그마저도 귀했습니다. 처음 전깃불이 등장했을 때 너무나 밝아 신기할 수밖에 없었지요.

천국은 사람이 이 땅에서 경작을 받으면서 각각 믿음의 분량과 영의 마음을 이룬 정도에 따라 들어가는 처소가 다르다 했습니다. 각 처소마다 영광과 행복의 정도에 현격한 차이가 있습니다. 성결의 차원을 넘어 온 집에 충성하여 온전한 영의 사람이 되면 하나님 보좌가 있는 새 예루살렘 성에 들어갈 수 있습니다.

참 자녀에게 주어지는 최고의 선물 새 예루살렘

천국에는 '내 아버지 집에 거할 곳이 많도다'(요 14:2) 하신 예수님의 말씀처럼 처소가 여러 곳이 있습니다. 하나님 보좌가 있는 새 예루살렘 성이 있는가 하면 간신히 구원받은 성도가 들어가는 낙원이 있지요.

영광의 성이라고도 하는 '새 예루살렘 성'은 천국 중에서도 가장 아름다운 곳으로 하나님께서는 모든 사람이 구원을 받을 뿐 아니라(딤전 2:4) 그곳에 다 이르기를 원하십니다. 그러나 농부가 씨를 뿌리고 경작할 때에 1등품 알곡만 거둘 수 없듯이 인간 경작을 받는다 해서 모두가 온 영의 참 자녀로 나오는 것은 아닙니다. 하나님께서는 비록 새 예루살렘 성에 들어올 수 있는 자격이 되지 못해도 구원받은 사람들을 위해 낙원부터 1천층, 2천층, 3천층에 이르기까지 여러 처소를 예비하셨습니다.

낙원과 새 예루살렘 성은 마치 초가집과 고대 왕실이 차이가 있듯이 엄청난 영광의 차이가 있습니다. 사랑하는 자녀에게 최고의 것을 주고 싶은 부모의 마음처럼 하나님께서도 우리가 참 자녀가 되어 새 예루살렘 성에서 모든 것을 함께 나누기를 간절히 바라십니다.

하나님의 사랑은 어느 특정인에게 한정된 것이 아닙니다. 예수 그리스도를 영접한 사람이라면 누구에게나 주어지는 축복의 기회이지요. 자신이 얼마큼 성결을 이루고 충성하느냐에 따라서 천국의 처소와 상급이 달라지고 하나님의 사랑도 달라집니다.

낙원이나 1, 2천층에 들어간 사람은 사실 온전히 육의 모습을 버리지 못했으므로 참 자녀라 할 수가 없습니다. 어린아이들이 부모의 마음을 다 헤아리지 못하는 것처럼 하나님의 마음을 이해하기가 어렵기 때문입니다. 그러므로 각각 믿음의 분량에 따라 처소를 예비한 것도 하나님의 사랑이며 또한 공의입니다. 이 땅에서 또래끼리 함께하는 것이 더 즐겁듯이 천국에서도 영적 수준이 비슷한 사람끼리 어울려 사는 것이 더 편안하고 행복하므로 처소를 분류하신 것이지요.

새 예루살렘 성은 인간 경작을 통해 하나님께서 원하시는 온전한 열매를 얻은 증거가 됩니다. 성의 기초석인 열두 보석은 성 안에 들어간 하나님 자녀들의 마음이 보석처럼 아름답다는 증거이며, 진주로 된 성문은 그 문을 통과하는 자녀들이 마치 조개가 아름다운 진주를 만들어 내듯이 값진 인내를 이뤘다는 증거가 되지요.

진주 문을 통과할 때에는 '내가 어떤 인내의 세월을 거쳐 이 귀한 천국에 들어왔는지', 정금길을 걸을 때에는 '내가 어떤 믿음의 길을 걸어왔는지'를 떠올리게 됩니다. 각 사람이 들어갈 집의 규모와 장식은 그들이 하나님을 어떻게 사랑했으며 어떤 믿음으로 영광 돌렸는지를 보여 줍니다.

새 예루살렘 성에 들어가는 사람은 수정같이 맑고 아름다운 마음을 이루어 하나님의 참 자녀가 되었기 때문에 하나님 얼굴을 직접 뵐 수도 있습니다. 또 수많은 천사의 시중을 받으며 영원토록 감동과 행복 속에 살아갑니다. 사람의 지혜로는 도무지 상상할 수 없을 만큼 황홀하고 거룩한 곳이지요.

세상에 다양한 종류의 책이 있는 것처럼 천국에도 여러 책이 있습니다. 구원받은 사람의 이름이 기록된 생명책이 있는가 하면, 영원히 기념될 만한 일들을 기록한 기념책이 있습니다. 기념책은 황금빛을 띠며 겉에는 고급스러운 문양이 새겨 있어 표지만 보아도 매우 귀중한 책임을 알 수 있습니다. 이 책에는 누가, 언제, 어떤 환경에서, 어떤 역사를 이뤘는지 자세히 기록되며 중요한 부분은 생동감 있는 동영상 화면으로 기록을 뒷받침해 줍니다.

예를 들어, 아브라함이 이삭을 번제로 드린 일, 엘리야가 불의 응답을 끌어내린 일, 다니엘이 사자 굴에서 살아나온 일, 다니엘의 세 친구가 풀무 불에서도 조금도 상하지 않고 살아서 하나님께 영광 돌린 일 등이 그대로 기록되어 있지요. 하나님께서는 귀한 날을 택하여 기념책을 펼쳐 일부분을 보이시며 내용을 소개해 주십니다. 하나님의 자녀들은 그것을 행복하게 들으면서 다 함께 하나님을 찬양하며 영광 돌립니다.

또한 새 예루살렘 성에서는 아버지 하나님께서 베푸시는 연회를 비롯하여 크고 작은 연회가 계속됩니다. 주님이 베푸시는 연회도 있으며 엘리야, 에녹, 아브라함, 모세, 사도 바울 등의 선지자가 베푸는 연회도 있습니다. 또 성도들도 형제들을 초청하여 연회를 베풀지요. 연회는 천국생활의 즐거움의 극치라 할 수 있습니다. 천국의 풍요로움과 자유, 아름다움과 영광을 한눈에 보며 누릴 수 있는 자리이기 때문입니다. 이 땅에서도 큰 연회가 있으면 사람들이 최대한 아름답게 단장하고 참여하여 먹고 마시며 즐기는데, 천국에서도 마찬가지입니다. 연회가 열리면 천사들의 연주와 멋진 공연이 펼쳐지기도 하고 하나님의 자녀들이 연주에 맞춰 함께 노래하고 춤추기도 합니다. 아름다운 춤과 노래, 행복한 웃음소리가 가득하지요. 곳곳에 놓인 원형 테이블에 앉아 믿음의 형제들과 즐겁게 담소하고 사모하던 믿음의 선진들을 찾아가 인사를 나누기도 합니다.

만약 주님의 연회에 초청받았다면, 성도들은 가장 아름다운 신부의 모습으로 정성껏 단장합니다. 주님은 영적으로 신랑이 되시기 때문입니다. 주님의 신부들이 주님 성 앞에 도착하면, 황금빛이 찬란한 정문 양쪽에서 두 천사가 공손히 맞이합니다. 성벽은 온갖 보석으로 꾸며졌고, 성벽 위는 아름다운 꽃으로 장식되어 있는데 성문에 도착한 주님의 신부들을 향해 그윽한 향기를 발산합니다. 성 안으로 들어가면, 영혼 깊숙이 감동을 주는 아름다운 음악이 잔잔하게 들려옵니다. 성도들은 이러한 찬양 소리에 평안과 행복을 느끼면서, 이곳까지 인도하신 하나님의 사랑을 생각하며 물밀듯 밀려오는 감사와 감동에 젖어듭니다.

천사들의 안내로 멀리 보이는 주님의 성 본채까지 정금길을 걸어가는 동안, 성도들은 설렘으로 가슴이 벅차오릅니다. 드디어 성 본채에 가까이 이르면, 주님께서 친히 마중 나와 계시는 모습이 보입니다. 그 순간 복받치는 눈물이 앞을 가리지만 조금이라도 더 빨리 뵙고 싶은 마음에 힘껏 달려갑니다. 주님께서는 사랑과 인자함이 가득한 얼굴로 양팔을 벌려 한 사람 한 사람씩 안아 주시며 "어서 오라. 나의 아름다운 신부들이여, 잘 왔도다!" 환영해 주십니다. 따뜻한 주님의 환영을 받은 성도들은 그 품에 안겨 "초대해 주심에 진정 감사드리나이다." 하고 감동의 고백을 드립니다. 그리고 다정한 연인처럼 주님의 손을 잡고 이곳저곳을 거닐며 이 땅에서 나누지 못했던 사랑의 대화를 마음껏 나누게 됩니다.

이처럼 삼위일체 하나님과 함께하는 새 예루살렘 성에서의 생활은 사랑과 감동, 행복과 기쁨이 넘쳐납니다. 주님의 얼굴을 직접 뵐 수 있고 주님 품에 안길 수도 있으며, 주님과 여행도 하고 놀이를 즐기니 얼마나 행복하겠습니까. 이러한 행복을 누리려면 성결을 이루고, 나아가 온 영을 이루어 주님의 마음을 온전히 닮아야 합니다.

그러므로 이 소망을 가지고 속히 온 영을 이루어 이 땅에서도 영혼이 잘됨같이 범사가 잘되고 강건한 축복을 받으며 장차 영화로운 새 예루살렘 성 하나님 보좌 가까이 이르시기 바랍니다.

영혼육 - 상

초판 1쇄 발행 2009년 6월 27일
초판 6쇄 발행 2009년 12월 20일

지은이   이재록
발행인   빈성남
편집인   빈금선

발행처   우림북
영업부   02-837-7632, 070-8240-2072
팩 스   02-869-1537

등록번호   제 1-904호

Copyright © 2009 우림북
판권 본사 소유 | 파본은 교환해 드립니다.

값 10,000원

ISBN 978-89-7557-219-7
ISBN 978-89-7557-218-0(set)

우림